Norman Vincent Peale

Positiv leben lernen

Norman Vincent Peale

Positiv leben lernen

Aus dem Amerikanischen von Thomas Görden

Allegria

Titel des Originalmanuscriptes
THE POWER OF POSITIVE THINKING

Allegria ist ein Verlag der Ullstein Buchverlage GmbH, Berlin
Herausgeber: Michael Görden

ISBN-13: 978-3-7934-2061-3
ISBN-10: 3-7934-2061-2

Übersetzung: Thomas Görden
Umschlaggestaltung: FranklDesign, München
Titelabbildung: Shivananda Ackermann
Gesetzt aus der Garamond
Satz: te.ha, thea@mails.at
Druck und Bindearbeiten: GGP Media GmbH, Pößneck
Printed in Germany

Inhalt

Vorwort

von Ruth Stafford Peale

Da ich an Engel glaube, nehme ich an, dass mein verstorbener Mann Norman heute zu den Engeln spricht, wie er einst zu uns sprach. Dank seiner Bücher, Fernsehsendungen und Audiokassetten hat Norman Vincent Peale uns nicht wirklich verlassen. Er ist immer noch hier, und seine Botschaft ist stark und klar wie eh und je.

Mein Leben mit Dr. Peale war wunderbar und inspirierend. Er war ein Mann, der seine Familie, seine Freunde und seinen Gott liebte. Er nahm tiefen Anteil am Schicksal der Menschen, und überall auf der Welt hat er zu ihnen gesprochen. Er war immer offen dafür, dazuzulernen und seinen Horizont zu erweitern, und es frustrierte ihn, dass er nicht noch viel mehr sehen und erleben konnte, als ihm vergönnt war. Unsere Tage widmeten wir der Aufgabe, seine Botschaft auf der ganzen Welt zu verbreiten, und ich weiß, dass es ihn freuen würde zu erfahren, dass seine Gedanken nun neue Verbreitung finden – durch das Buch, das Sie in Händen halten.

Gelegentlich kommt es vor, dass Menschen in der Welt einen so unauslöschlichen Eindruck hinterlassen, dass die Nennung ihres Namens bereits genügt, um uns die Natur ihrer Arbeit ins Gedächtnis zu rufen. Dr. Peale war ein solcher Mensch. Sein Name wird immer als Synonym für positives Denken stehen, für begeistertes und engagiertes Leben, getragen von der Kraft der Liebe und des Glaubens.

Wenn Sie noch keines von Dr. Peales Büchern gelesen haben, dürfen Sie sich auf eine wundervolle neue Erfahrung freuen. Wenn Sie schon alte Bekannte sind, wird dieses Buch, das auf Dr. Peales Radiosendungen basiert, für Sie eine wunderbare Erinnerung an einen Menschen sein, der mit seinen leicht verständlichen Ratschlägen für ein besseres Leben ein Millionenpublikum erreichte.

Wenn Dr. Peale gebeten wurde, in einer Kirche, die er besuchte, eine Predigt zu halten, wählte er als Motto oft das folgende Bibelzitat: „Ich bin gekommen, damit sie das Leben haben und es in Fülle haben." Ich glaube, das ist der wichtigste Gedanke, den er auch mit den hier versammelten Texten vermitteln wollte. Und Norman würde es gewiss als sein schönstes Vermächtnis ansehen, wenn sich mit Hilfe dieses Buches auch nur ein einziges Leben zum Besseren verändert.

Gott segne Sie.

1. Kapitel

Prinzipien für ein erfolgreiches Leben

Haben Sie das Gefühl, dass Ihr Leben unbefriedigend ist und dass Sie Ihrem Erfolg oft selbst im Weg stehen? Ich versichere Ihnen, dass dies kein Dauerzustand sein muss. All das lässt sich verändern. Sie müssen keinesfalls weiterhin in solch unbefriedigenden, unglücklichen Zuständen leben. Ändern Sie Ihr Denken, dann ändert sich Ihr Leben! Das ist eines der größten und wichtigsten psychologischen und spirituellen Prinzipien der Menschheit.

Wann ist ein Mensch erfolgreich? Der berühmte Schriftsteller H. G. Wells drückte es so aus: „Das einzig wahre Maß des Erfolges ist das Verhältnis zwischen dem, was wir hätten tun können, und dem, was wir tatsächlich aus uns gemacht haben." Nun, das ist gar nicht schlecht. Das macht Sinn. Das wahre Maß dafür, ob Sie ein Erfolg sind oder ob ich ein Erfolg bin, besteht demnach darin, ob das, was wir sind, mit dem übereinstimmt, was wir aus uns hätten machen können. Es ist offensichtlich, dass ein erfolgreicher Mensch einer ist, der danach strebt, sich selbst zu vervollkommnen – ein gut organisierter, gut integrierter Mensch, der über Selbstbeherrschung und eine gesunde Geisteshaltung verfügt. Ein Mensch, der nicht von inneren Widersprüchen zerrissen ist, dessen Psyche nicht chaotisch und ungeordnet ist – ein in jeder Hinsicht heiles und in sich ruhendes Individuum. Das Problem besteht nun darin, wie wir einen solchen Zustand erreichen können. Wie wird man zu einem erfolgreichen Menschen, der dieser Definition entspricht? Die Methode, die uns zu diesem Ziel hinführt, nennt man *Positives Denken*. Was ist mit positivem Denken gemeint? Natürlicherweise handelt es sich dabei um das Gegenteil negativen Denkens. Vermutlich lässt sich positives Denken am besten veranschaulichen, indem man positive Denker beschreibt.

Positive Denker und Denkerinnen sind Menschen, die in geistiger Hinsicht diszipliniert und widerstandsfähig sind. So ein Mensch verschließt vor Schwierigkeiten nicht die Augen, aber er lässt sich davon niemals unterkriegen – denn der positive Denker weiß, dass er mit Hilfe des guten Gottes in sich alle Schwierigkeiten bewältigen und bezwingen kann.

Die Menschen, die in dieser Welt Außergewöhnliches vollbringen, sind ausnahmslos positive Denker. Sie weigern sich einfach, an eine Niederlage zu glauben. Sie wissen, dass sie mit Gottes Hilfe alles schaffen können, von dem sie glauben, dass sie es schaffen können.

Es gibt eine große Tatsache, über die ich gerne mit Ihnen sprechen möchte. Es ist eine Tatsache von enormer Tragweite, eine Tatsache, die uns allen gar nicht oft genug vor Augen geführt werden kann: Positive Denker erzielen immer positive Resultate. Negative Denker erhalten negative Resultate. Und warum ist das so? Nun, ein Grund besteht darin, dass positive Denker nicht vom „MEV-Syndrom“ befallen sind – MEV steht für Mangeldenken, Einschränkung und Verlust. Ich möchte lieber gar nicht schätzen, wie viele Millionen Menschen auf der Welt ihr Leben vom MEV-Syndrom beherrschen lassen. Mangeldenken, Einschränkung und Verlust sind die Themen, um die das Denken dieser Menschen nahezu ständig kreist. Sie reden von nichts anderem. Und vermutlich haben auch Sie und ich schon viel zu oft in diesen unheilvollen Chor eingestimmt. Mir fehlt dieses. Mir fehlt jenes. Ich habe zu wenig Freunde. Ich bekomme zu wenige Chancen. Mangel, Mangel, Mangel. Wie oft haben Sie das schon gehört? Und dann sagen diese Leute: Ich habe nicht die gleichen Möglichkeiten wie Herr oder Frau Sowieso. Ich bin eingeschränkt und behindert durch meinen familiären Hintergrund oder durch meine Gesundheit. Ich bin ein Opfer von Einschränkungen, Einschränkungen, Einschränkungen. Und dann heißt es: Ich habe meinen Job verloren. Ich habe Geld verloren. Das Glück hat mich verlassen. Verlust, Verlust, Verlust. So geht es immer weiter. Verlust, Einschränkung, Mangel. Aber der positive Denker lässt sich von solchen Dingen nicht beherrschen.

Lassen Sie mich das an einem Beispiel veranschaulichen. Freunde von mir besitzen einen Drugstore in Wall, einem kleinen, achthundert Einwohner zählenden Ort in South Dakota. Sie haben den Drugstore im Jahr 1932 gekauft. Das war mitten in der großen Wirtschaftskrise, und niemand hatte Geld. Wie kann man einen Drugstore betreiben, wenn weder man selbst noch die Kunden Geld haben? Obendrein wurde der Landstrich damals von einer Heuschreckenplage heimgesucht. Diese Insekten fraßen im Umkreis von zweihundert Meilen alles kahl, so dass auf den Feldern kein einziger Getreidehalm mehr wuchs.

Und das in einer Gegend, wo die Leute fast ausschließlich von der Landwirtschaft lebten! Niemand hatte also Geld, das er im Drugstore hätte ausgeben können. Es war ein furchtbar heißer, trockener Sommer, und kein einziger Kunde verirrte sich in den Laden. Die Touristen fuhren alle auf der Durchgangsstraße vorbei.

Alle sagten, dass meine Freunde mit ihrem Drugstore pleite gehen würden. Aber dieses tapfere Ehepaar benutzte die Beten-und-Denken-Formel. Sie beteten und sie dachten nach, und sie hatten eine Idee. Wenn man betet und denkt, empfängt man immer gute Ideen.

Mrs. Dorothy Hustead, so hieß die Frau des Drugstore-Besitzers mit Namen, betete, dachte nach und hielt die Augen offen. Sie wusste, dass die vielen Touristen mit ihren Autos in der brütenden Hitze über die Fernstraße rollten. Klimaanlagen gab es damals noch nicht. Es war staubig und trocken, und diesen armen Leuten hing vor Durst die Zunge aus dem Mund.

Also betete Mrs. Hustead und fragte sich: „Was wünschen sich diese Touristen mehr als alles andere auf der Welt?“ Und die Antwort kam prompt: ein großes, kühles Glas Eiswasser. Mrs. Hustead dachte nach. Sie rief ihren Mann zu sich und sagte: „Ted, ich möchte, dass du die fünfundzwanzig Meilen zur Fernstraße fährst und dort ein großes Schild aufstellst, mit folgender Aufschrift: Kostenloses Eiswasser im Wall Drug Store, Wall, South Dakota.

Und fünf Meilen vor unserem Städtchen stellst du noch ein Schild auf: Halten Sie durch! Nur noch fünf Meilen, und ein Glas kostenloses erfrischendes Eiswasser erwartet Sie! Ted und Dorothy waren so begeistert von der

Idee, dass sie ein Schild in Albany, New York, aufstellten: *Nur 1725 Meilen zum Wall Drug Store! Erfrischendes Eiswasser gratis!* Schließlich stellten ein paar amerikanische Soldaten ein Schild am Piccadilly Circus in London auf: *Nur 5227 Meilen zum Wall Drug Store! Erfrischendes Eiswasser gratis!*

Schließlich standen in ganz Amerika Werbeschilder für den Wall Drug Store, und jemand stellte sogar am Tadsch Mahal ein Schild auf: *11000 Meilen zum Wall Drug Store! Erfrischendes Eiswasser gratis!*

Resultat: Wenn Sie heute nach Wall fahren, servieren dort circa hundert Angestellte täglich sechs- bis zehntausend Drugstore-Besuchern kostenloses Eiswasser. Die Besucher kaufen alle Arten von Reiseandenken und machen dieses florierende Unternehmen zu einem der erfolgreichsten in der Geschichte der USA. Und warum? Wegen des Eiswassers?

Dabei war es in Drugstores schon lange üblich gewesen, den Kunden kostenlos Eiswasser auszuschenken. Aber vor Dorothy Hustead war noch niemand auf die Idee gekommen, damit zu werben. Machen Sie sich klar, dass es auf der Welt kein Problem gibt, für das nicht aus den Tiefen des Bewusstseins eine Lösung aufsteigt – wenn man nur voller Vertrauen betet und nachdenkt!

Und wer lässt diese Lösungen in unser Bewusstsein springen? Der allmächtige Gott. Ich weiß nicht, in welcher Situation Sie sich gerade befinden, aber dort, tief in Ihrem Bewusstsein, schlummert genau die Idee, die Sie brauchen, um sich ein wunderbares Leben aufzubauen. Fassen wir also zusammen: Der positive Denker erzielt immer positive Resultate, weil er oder sie nicht an Mangel, Verlust und Einschränkungen denkt. Er nutzt das herrliche Prinzip – das Beten-und-Denken-Prinzip, das unserem Leben Kraft gibt und uns zum Erfolg verhilft. Sie wollen doch wohl nicht durchs Leben gehen, ohne sich jemals zu verändern? Wollen Sie wirklich tagaus, tagein immer dieselbe oder derselbe bleiben? Möchten Sie etwa nie besser werden, nie erfolgreicher werden, sich niemals seelisch weiterentwickeln?

Dann möge Gott Ihnen helfen. Oder mir. Ich bin nie zufrieden mit mir – und auch Sie sollten nicht mit sich zufrieden sein. Nun, wenn Sie zu diesem neuen Menschen werden, bedeutet das, dass Sie nie mehr so sein werden wie zuvor.

Und wissen Sie, was das beste Lebensprinzip ist? Gott, unseren Herrn, zu lieben, die Menschen zu lieben, sein Geld auf anständige Weise zu verdienen, im Beruf und in allen anderen Lebensbereichen sein Bestes zu geben, alle Menschen gut zu behandeln, richtig zu denken, das richtige Leben zu führen und sich dann nicht zu viele Sorgen zu machen.

2. Kapitel

Die Kraft des positiven Denkens

Ich habe hier eine Botschaft für Sie vom Finanzminister der Vereinigten Staaten. Er hat gesagt: „Jeder Amerikaner sollte täglich etwas Positives zu anderen Amerikanern sagen." Nun, das ist wirklich ein sinnvoller Vorschlag, denn wenn jeder Amerikaner genau das täte, würde Amerika ein sehr positives Land. Aber ich möchte noch weiter gehen und vorschlagen, dass jeder Amerikaner – und überhaupt jeder Mensch auf der Welt – täglich etwas Positives zu sich selbst sagen sollte. Dieses Positive, das Sie zu sich selbst sagen sollten, lautet folgendermaßen: „Wenn ich glaube, ist mir nichts unmöglich." Und darum geht es in diesem Kapitel um positives Denken und erfolgreiches Leben.

Negatives Denken ist eine sehr gefährliche Sache. Der negative Denker strahlt ständig negative Gedanken in seine Umwelt aus, und darum aktiviert er seine Umwelt negativ. Es gibt ein Gesetz, das als *Gesetz der Anziehung* bekannt ist. Gleiches zieht Gleiches an. Wer also ständig negative Gedanken ausstrahlt, zieht damit unvermeidlich negative Resultate auf sich.

Umgekehrt gilt aber, dass der positive Denker positive Gedanken ausstrahlt und dadurch seine Umwelt positiv aktiviert. Und auf der Grundlage des gleichen Gesetzes der Anziehung sind positive Resultate die sichere Folge.

Wie sieht die Welt aus, in der Sie gegenwärtig leben? Ist sie negativ oder positiv? Wie immer sie aussieht, durch Ihr Denken haben Sie sich diese Welt selbst erschaffen. Wie wird Ihr Leben in zehn Jahren aussehen? Das hängt davon ab, was während der nächsten zehn Jahre Ihr Denken beherrscht und antreibt.

Einer der weisesten Menschen, der je in Amerika gelebt hat, war ein Mann namens William James, einst Professor in Harvard. Er gilt als Vater der psychologischen Wissenschaft in diesem Land. Neben vielen anderen klugen Dingen hat er unter anderem gesagt: „Die größte Entdeckung meiner Generation“ – wohlgemerkt, einer Generation, der wir solche erstaunlichen Erfindungen wie das Automobil, das Telefon, das elektrische Licht und das Radio verdanken – „ist es, dass der Mensch sein Leben verändern kann, indem er seine Geisteshaltung verändert.“ Das ist eine Tatsache, die bis heute niemand widerlegen konnte. Wenn Sie also nicht zufrieden mit Ihrem Leben sind – und wer ist das schon? Ich bin mit meinem auch nicht zufrieden –, können Sie es verändern, indem Sie Ihre Geisteshaltung, also Ihre Art zu denken, verändern.

Immer wieder hat man mich gefragt, ob es eine Verbindung zwischen dem positiven Denken und der Bibel gibt. Dann antworte ich stets: Aber natürlich, da kommt es her! Die Bibel ist das beste Buch über positives Denken, das je geschrieben wurde. Zwar ist sie voll von Schmerz, Sorge, Niederlagen, Leid und Sünde, aber sie ist auch voll von Beispielen, wie sich diese Zustände überwinden lassen. „In der Welt“, heißt es im Johannes-Evangelium, „habt ihr Angst; aber seid getrost, ich habe die Welt überwunden.“

Aber wie sieht denn nun das positive Denken in der Praxis aus? Da gibt es zum Beispiel Menschen wie Marsha Boucher. Wer ist Marsha? Sie war eine ungestüme, enthusiastische, lebensfrohe junge Frau, die leidenschaftlich gerne Motorrad fuhr, und zwar ziemlich schnell. Eines Tages fuhr sie zu schnell und stürzte mit dem Motorrad eine Klippe hinunter. Von nun an waren ihre Beine gelähmt. Mit vierundzwanzig Jahren war sie auf einen Rollstuhl angewiesen. Aber im Kopf war sie nicht gelähmt, und auch ihr Glaube war nicht gelähmt. Ihr Glaube war stark und unerschütterlich. Eines Tages hatte sie eine Idee.

„Warum kann ich nicht die schnellste Rollstuhlfahrerin der USA werden?“ Sie fand heraus, dass es tatsächlich ein Marathon-Rennen für Rollstuhlfahrer gibt, veranstaltet im Orange Bowl Stadion in Miami. Sie trainierte eifrig und schließlich trat sie in Miami an und gewann den Rollstuhl-Marathon in einer Rekordzeit von drei Stunden, vierzig Minuten und zehn Sekunden – fünf Sekunden schneller als der bis dahin gültige Weltrekord. Marsha hat es sich als Aufgabe gewählt, Menschen, die auf den Rollstuhl angewiesen sind, Mut zu machen und ihnen ein Beispiel zu geben, indem sie selbst ein erfolgreiches und aufregendes Leben führt.

Sie wurde nicht Vorstandschefin einer großen Firma, sie verdiente kein Riesenvermögen, kandidierte nicht für den US-Senat, aber sie praktizierte positives Denken und wurde auf ihre Art enorm erfolgreich.

Ein weiteres herausragendes Beispiel für angewandtes positives Denken ist Stanley Arnold. Stanley ist von ziemlich kleiner Statur, aber in geistiger Hinsicht ein wahrer Riese.

Er besuchte die High School in Cleveland und wurde von allen Sport-Teams, denen er gerne beitreten wollte, abgewiesen. Er war zu schmächtig für Football, zu kurz geraten für Basketball, zu ungeschickt für Baseball und Laufwettbewerbe. Doch anstatt herumzusitzen und sich zu ärgern, beschloss Stanley kurzerhand, eine neue Sportart ins Leben zu rufen.

Nachdem er diesen neuen Sport lange genug zu Hause trainiert hatte und genau wusste, dass er ihn erfolgreich anderen vorführen konnte, präsentierte er ihn an seiner Schule. Diese neue Sportart war das Rückwärtsspringen! Rasch wurde Stanley als der „Rückwärtsspringer von Cleveland" berühmt. Und erstaunlicherweise lernte Stanley gleichzeitig mit dem Rückwärtsspringen auch das Vorwärtsstürmen von Erfolg zu Erfolg!

Als Erwachsener wurde er zu einem der größten Erfinder und Ideengeber der Vereinigten Staaten. Firmen im ganzen Land nahmen seine Dienste in Anspruch. Der Umstand, dass er nicht wie ein klassischer Athlet gebaut war, konnte Stanley Arnold nicht davon abhalten, im Sport erfolgreich zu sein. Und später schritt er auch im Berufsleben von Erfolg zu Erfolg. Das ist positives Denken!

Meine Definition eines positiven Denkers sieht folgendermaßen aus: Es handelt sich um einen mental starken, zähen und zielstrebigen Menschen. Ein solcher Mensch verschließt nicht die Augen vor Problemen, aber lässt sich von ihnen niemals unterkriegen. Er oder sie weiß, dass alle Schwierigkeiten, Rückschläge oder Hindernisse mit Gottes Hilfe – durch Gebet und Denken – gemeistert werden können. Mit einem Problem konfrontiert, sagt der positive

Denker: „Ja, ich weiß, aber ..." Dann macht er sich sofort ans Werk und erreicht die selbst gesteckten Ziele, wobei er durch seine positive Geisteshaltung den Erfolg geradezu magnetisch anzieht.

Ich denke dabei an Menschen wie Blanche Green. Glücklicherweise kommen die Frauen im Wirtschaftsleben unseres Landes heute endlich zu ihrem Recht. Es gibt keinerlei Rechtfertigung dafür, dass ein Geschlecht sich dem anderen überlegen fühlen sollte, und Gleichberechtigung zwischen den Geschlechtern sollte eine Selbstverständlichkeit sein. Vor dreißig oder vierzig Jahren engagierte sich eine Frau in unserer Kirchengemeinde, die es bis zur Chefin ihres eigenen Unternehmens gebracht hatte, was damals alles andere als selbstverständlich war. Diese Dame, Blanche Green, galt als eines der größten Verkaufsgenies in den ganzen Vereinigten Staaten. Sie war eine ziemlich eindrucksvolle Persönlichkeit – nicht gerade leise und nicht gerade schlank, mit einer Neigung, ziemlich rabiat ihren Willen durchzusetzen, wodurch sie sich bei manchen Leuten unbeliebt machte.

Aber sie war stark. Sie war jemand. Und auch, wenn sie sich manchmal im Ton vergriff, war sie doch ein wunderbarer Mensch. Damals, in den alten Tagen, als man noch glaubte, dass die Frau ausschließlich an den heimischen Herd gehört, hatte Blanche einen Lehrer geheiratet. Damals war sie noch eine sanfte, stille Frau gewesen. Dann starb eines Tages ihr Mann und ließ sie völlig mittellos zurück. Sie hatte kein Geld. Es blieb ihr nichts anderes übrig, als arbeiten zu gehen. Und das war eigentlich undenkbar, denn Frauen ihrer Art arbeiteten nie im Geschäftsleben. Das gab es einfach nicht. Keine Dame, die den ganzen Tag nur weiße Handschuhe trug, stürzte sich in die freie Marktwirtschaft, um dort Dollars zu verdienen. Aber Blanche hatte keine andere Wahl, wenn sie nicht verhungern wollte. Staatliche Fürsorge kannte man damals noch nicht, aber solche Hilfe hätte eine Frau wie Blanche ohnehin nicht angenommen.

Also ging sie hinüber nach New Haven. Dort hatten zwei junge Männer gerade ein Geschäft gegründet. Blanche sagte zu ihnen, dass sie als Hausiererin für sie arbeiten wollte. Die Männer schauten sie an und sagten: „Aber was versteht jemand wie Sie denn schon vom Verkaufen?" Blanche erwiderte: „Rein gar nichts, aber ich habe deswegen gebetet und der Herr hat mir gesagt, dass ich eine erstklassige Verkäuferin sein und Ihren Laden in die Gewinnzone führen kann!"

Nun, die beiden waren mächtig erstaunt, aber sie glaubten ihr. Und Blanche zog von Haus zu Haus, um ihre Waren zu verkaufen – in einer Zeit, als Frauen so etwas normalerweise nie taten. Dabei ging sie folgendermaßen vor: Am Abend zuvor plante sie ihre Arbeit, und am nächsten Tag setzte sie ihren Plan konsequent in die Tat um. Als sie vor dem ersten Haus ankam, blieb sie am Tor einen Moment stehen und wiederholte leise den Vers 31 aus dem 8. Kapitel des Römerbriefs: „Ist Gott für uns, wer mag wider uns sein?" Und dann formulierte sie den Vers für sich persönlich: „Wenn Gott für mich ist, wer mag wider mich sein?" Dann ging sie zu ihrer ersten Kundin, und die war, wie sie sagte, froh, dass eine Frau sie aufsuchte, und kaufte gerne bei Blanche.

Jedes Mal wenn ich an Blanche denke, erinnert mich das an die Kraft des positiven Denkens. Blanche sagte mir einmal, man dürfe niemals auch nur ansatzweise denken, etwas nicht vollbringen zu können, denn mit Gottes Hilfe seien alle Dinge möglich. Darum lege ich es Ihnen so sehr ans Herz, das positive Denken für sich arbeiten zu lassen. Es hat diese seltsame und wunderbare Kraft, Sie aus einem mittelmäßigen Leben voller Niederlagen zu befreien und Sie auf die Siegerstraße zu bringen.

Nachfolgend möchte ich Ihnen fünf einfache Schritte vorstellen, mit denen Sie Ihre Geisteshaltung vom Negativen zum Positiven hin verändern können. Es werden Ihnen kreative neue Gedanken zufließen, und Sie gelangen vom Irrtum zur Wahrheit. Wenn Ihnen die fünf Schritte zunächst schwierig erscheinen, ist gerade das ein Zeichen, wie sehr Sie diese Kursänderung brauchen. Ich versprechen Ihnen, wenn Sie beharrlich am Ball bleiben, werden die fünf Schritte Ihnen enorm weiterhelfen.

Schritt Eins:
Sagen Sie während der nächsten vierundzwanzig Stunden ausschließlich positive Dinge über Ihre Arbeit, Ihre Gesundheit, Ihre Familie und Ihre Zukunft. Seien Sie in allen Lebensbereichen optimistisch. Verzichten Sie darauf, eine negative Haltung einzunehmen, wie schlimm Ihnen die Lage auch erscheinen mag. Behalten Sie dieses Verhaltensmuster dann für eine ganze Woche bei. Wenn Sie einen Tag lang positiv sein können, gelingt Ihnen das auch sieben Tage lang – und für den Rest Ihres Lebens.

Schritt Zwei:
Ernähren Sie nicht nur Ihren Körper gut, sondern sorgen Sie auch für eine gesunde geistige Nahrung. Verlagern Sie

Ihre Aufmerksamkeit vom Negativen zum Positiven, indem Sie inspirierende Bücher und Zeitschriften lesen. Das bedeutet, dass Sie sich von sensationslüsterner negativer Berichterstattung in den Massenmedien fernhalten. Lesen Sie in der Bibel und achten Sie dabei besonders auf jene Stellen, wo Glaube und Hoffnung erwähnt werden. Lesen Sie Biographien von Männern und Frauen, die große Erfolg erzielten, indem sie enorme Hindernisse überwanden. Lesen Sie, wie diese Menschen ihre Ziele erreichten, und Sie werden sehen, dass es ihr positives Denken war, das den entscheidenden Unterschied ausmachte.

Schritt Drei:
Erstellen Sie eine Liste der Freunde, mit denen Sie viel Zeit verbringen. Markieren Sie die Namen jener Freunde, die positiv denken. Verbringen Sie ganz bewusst mehr Zeit mit diesen positiv eingestellten Menschen. Das bedeutet nicht, dass Sie künftig einen Bogen um eher negativ eingestellte Freunde machen sollen. Lassen Sie sich von Ihren positiv denkenden Freunden inspirieren, saugen Sie deren Lebenseinstellung auf und versuchen Sie dann, Ihre negativen Freunde zum Besseren hin zu beeinflussen. Damit können Sie ihnen helfen, künftig einen positiven Weg einzuschlagen.

Schritt Vier:
Vermeiden Sie Streitigkeiten unter allen Umständen. Wenn jemand eine negative Meinung äußert, halten Sie mit einer positiven, optimistischen Aussage dagegen. Wenn dieser Jemand bei seiner Meinung bleibt, akzeptieren Sie das einfach. Streiten Sie sich nicht mit ihm. Lassen Sie

Frieden und Harmonie in Ihren Alltag einziehen, statt in einem ständigen, sinnlosen Kriegszustand zu leben.

Schritt Fünf:
Beten und meditieren Sie viel, erfüllt von tiefer Dankbarkeit für die wunderbaren Dinge, die der Schöpfer Ihnen schenkt – wozu nicht zuletzt die Fähigkeit gehört, das Gute in jeder Situation zu finden. Letztlich ist positives Denken gleichbedeutend mit dem Glauben an eine höhere Macht. Wenn Sie an etwas glauben, das größer ist als Sie selbst, können Sie gar nicht anders als positiv gestimmt sein – weil Sie wissen, dass Sie von dort immer Hilfe erhalten, was Ihnen der Tag auch bringen mag.

Wie Sie sehen, braucht man für das positive Denken keine besonderen Fähigkeiten, nur die Bereitschaft, die eigene Welt aus einem anderen mentalen Blickwinkel zu betrachten. Allerdings müssen Sie den intensiven Wunsch haben, positiv zu sein, und Sie müssen fest daran glauben, dass Gott Ihnen stets die beste Lösung für jedes Problem übermittelt.

3. Kapitel

Die Kraft der Begeisterung

Sie können Ihre Begeisterung Ihr ganzes Leben hindurch in Schwung halten – vorausgesetzt natürlich, Sie können sich überhaupt für irgendetwas begeistern. Da wird manch einer einwenden: „Begeisterung? Was ist mit all den Problemen in dieser Welt? Was ist mit Krankheit? Was ist mit Frustration, Schmerzen, Sorgen, Schwierigkeiten? Wie soll man da begeistert sein?" Lassen Sie sich von niemandem einreden, Sie könnten ein Leben ohne diese Schwierigkeiten führen. Probleme gehören zum menschlichen Dasein dazu. Was Sie aber sehr wohl können, ist, sich über die Probleme zu erheben. Ich wage zu behaupten, dass Sie Ihr ganzes Leben lang von einer tiefen Begeisterung erfüllt sein können, die niemals verzagt, welchen Schwierigkeiten Sie sich auch immer gegenübersehen.

Schauen Sie in den Spiegel und fragen Sie sich: „Bin ich noch immer von der Begeisterung erfüllt, die der Allmächtige Gott mir mitgeben hat, als ich in diese Welt geboren wurde?" Haben Sie schon einmal einen Säugling gesehen, der nicht begeistert ist? Wissen Sie, es ist eine gute Sache, dass wir nicht aufhören, Babys zu bekommen, denn sonst würden wir alle zu alten, gelangweilten Leuten werden. Babys glauben, dass nichts unmöglich ist. Sie glauben, die ganze Welt sei nur für sie da. Alles ist faszinierend und aufregend. Dem großen Wissenschaftler Huxley zufolge zeichnen sich Genies dadurch aus, dass sie sich bis ins hohe Alter die geistige Offenheit eines Kindes bewahren. Wenn Sie als alter Mann oder alte Frau noch immer so begeistert sind, wie Sie es einst als kleiner Junge oder kleines Mädchen waren, dann dürfen Sie sich zum Kreis der Genies zählen. Das ist eine wirkliche Kunst.

Der Adler, der sich kühn in den Himmel emporschwingt, war für mich immer ein wichtiges Symbol für Begeisterung. So heißt es zum Beispiel im 103. Psalm: „Lobe den Herrn, ... der dich dein Leben lang mit seinen Gaben sättigt; wie dem Adler wird dir die Jugend erneuert." Ist das nicht wunderbar?

Wenn Sie mit Gott leben, wird er Ihnen seine gute Gaben schenken, so dass Sie jung und stark bleiben wie ein Adler. Haben Sie schon einmal einen Adler gesehen – und zwar nicht auf einem Dollarschein, sondern in freier Natur? Ich habe sie gesehen. Einmal sah ich einen im Yosemite-Nationalpark. Mit einem lauten Schrei schwang er sich in die Luft, stieg mit kraftvollen Flügelschlägen zum Himmel empor. Es dauerte nicht lange, da kreiste er hoch oben über einem Berggipfel.

Nichts konnte ihn zurückhalten. Nichts konnte ihm Angst einjagen. Er wirkte unbesiegbar. Er war ein Adler. Menschen, die den Herrn wirklich kennen und erfahren, sind wie Adler. Sie sind von Gottes Kraft erfüllt, und das hält sie jung und stark.

Eine gute Methode, die eigene Begeisterung in Schwung zu halten, ist das „So-tun-als-ob"-Prinzip. Das verdanken wir dem großen Gelehrten William James. Wenn Sie sich verändern möchten, anders sein möchten, als Sie es gegenwärtig sind, tun sie so als ob – verhalten Sie sich, als wären Sie schon am Ziel. Wenn Sie beispielsweise sehr ängstlich sind, aber gern mutig sein möchten, tun Sie so, als wären Sie mutig. Je mehr Sie sich so verhalten und dementsprechend denken, desto mehr werden die Ihnen innewohnenden göttlichen Kräfte Sie tatsächlich zu einem mutigen Menschen machen. Sie können alles werden, was Sie gerne sein möchten. Sie müssen es nur wirklich wollen und dann so denken und handeln, als wären Sie es bereits.

Jetzt sagen Sie vielleicht: „Dieses ganze Gerede über Begeisterung ist ja schön und gut. Aber ich bin überhaupt nicht begeistert. Und Begeisterung kann man schließlich nicht im Laden kaufen. Wie stelle ich es also an, begeistert zu werden?“ Nun, die Antwort lautet, dass Sie anfangen müssen, so zu tun, als wären Sie begeistert. Fangen Sie gleich morgen früh – und wenn ich morgen früh sage, dann meine ich auch morgen früh – damit an, in begeisterter Weise mit Ihrer Frau oder Ihrem Mann und allen anderen Familienmitgliedern zu sprechen, denen Sie beim Frühstück begegnen. Und fahren Sie dann den ganzen Tag über damit fort, allen Leuten gegenüber Begeisterung auszustrahlen. So werden Sie ein begeisterter Mensch.

Heute wird das „So-tun-als-ob“-Prinzip oft Visualisieren genannt. Es bedeutet einfach, dass Sie Ihren Wunsch so klar und deutlich vor Ihrem inneren Auge sehen, dass er sich zwangsläufig verwirklichen muss. Der berühmte Zehnkampf-Olympiasieger Milt Campbell benutzte die „So-tun-als-ob“-Visualisierung, wenn er sich auf einen Wettkampf vorbereitete.

Als kleiner Junge von zwölf oder dreizehn Jahren stellte er sich vor den Spiegel, reckte seine magere Brust vor und sagte: „Ich bin der beste Athlet der Welt!“ Sein Bruder lachte ihn aus, aber das konnte Milt nicht beirren. Während der nächsten zehn Jahre trainierte er und sprach und handelte, als wäre er tatsächlich der beste Athlet der Welt. Wenn die Leute sich über ihn lustig machten, veranlasste ihn das nur, noch entschlossener auf sein Ziel hinzuarbeiten. Er ließ seine Begeisterung durch nichts und niemanden ins Wanken bringen.

1956 konnte er dann in der Zeitung einen großen Artikel über seine sportlichen Erfolge lesen. Die Schlagzeile lautete: „Milt Campbell – der beste Athlet der Welt.“ Das „So-tun-als-ob“-Prinzip und eine wie ein Laserstrahl gebündelte Begeisterung wirkten Wunder für diesen kleinen Jungen aus den Ghettos von New Jersey. Und sie können auch für Sie und mich Wunder wirken. Entscheiden Sie, was Sie erreichen wollen. Setzen Sie sich ein großes Ziel und leben Sie Ihr Leben mit Freude und Energie, als wäre dieses Ziel bereits Wirklichkeit.

Es gibt noch einen Weg, wie Sie Begeisterung in sich wecken können: Lieben Sie Ihr Leben. Kultivieren Sie die Fähigkeit, das Leben zu lieben. Lieben Sie Ihre Mitmenschen. Lieben Sie den Himmel, unter dem Sie leben. Lieben Sie alle Facetten des Lebens. Jesus hat uns gelehrt, dass ein Mensch, der liebt, glücklich wird. Ein Mensch, der alles liebt, wird von Begeisterung, von Vitalität und Lebensfreude erfüllt. Es ist wirklich so einfach. Es ist keine anspruchsvolle, schwierige Sache. Wenn es Ihnen an Begeisterung mangelt, sollten Sie die sehr einfache Fähigkeit kultivieren, das Leben zu lieben.

Hier sind vier einfache Schritte, die ich Ihnen sehr empfehle, wenn Sie mehr Begeisterung in Ihr Leben bringen möchten.

Schritt Eins:

Suchen Sie nach dem Guten bei sich selbst. Hören Sie damit auf, sich selbst niederzumachen. Wischen Sie alle Gedanken an Misserfolg und Versagen beiseite und löschen Sie alle Erinnerungen an Fehler und Fehlschläge. Sehen Sie sich als der kompetente und wertvolle Mensch, der Sie in Wahrheit sind. Wenn Sie sich selbst mögen und wertschätzen, werden Sie auch gegenüber allem anderen positive Gefühle entwickeln.

Schritt Zwei:

Machen Sie Schluss mit jeder Form von Selbstmitleid. Denken Sie an das Gute, das Sie bereits erreicht haben – statt sich gedanklich mit Mangel und Verlust zu beschäftigen. Falls Sie das noch nie getan haben, wird es Zeit, dass Sie sich hinsetzen und alles aufschreiben, was es in Ihrem Leben an Pluspunkten gibt: positive Merkmale Ihrer eigenen Persönlichkeit, Talente, Freunde, Ihre Familie, Gesundheit – all die immateriellen Werte, die wahren Reichtum ausmachen. Ein sonniger Tag im eigenen Garten kann ein genauso großer Schatz sein wie ein teurer Luxusurlaub. Alles hängt von der Begeisterung ab, die Sie dem, was Sie tun, entgegenbringen.

Schritt Drei:

Hören Sie auf, immer nur an sich selbst zu denken, und schauen Sie, wo Ihre Hilfe gebraucht wird. Gehen Sie aus sich heraus. Interessieren Sie sich für andere, entwickeln Sie Engagement. Entdecken Sie Themen und Aktivitäten, denen Sie sich mit Hingabe widmen. Stecken Sie Zeit und Energie in ehrenamtliche Projekte, wo Sie gemeinsam mit anderen Gutes tun.

Es ist höchste Zeit, dass Sie damit aufhören, über frühere Fehler und Enttäuschungen nachzugrübeln. Denken Sie lieber darüber nach, was Sie heute Positives tun können. Seien Sie konstruktiv statt destruktiv. Die Vergangenheit ist vorbei und lässt sich nicht mehr ändern. Jeder neue Morgen bietet Ihnen die Chance für einen Neubeginn. Wagen Sie heute einen frischen Start, planen Sie für morgen und vergessen Sie, was gestern war.

Schritt Vier:
Betrachten Sie jedes Hindernis, jede Herausforderung als Chance, die sich in etwas Glorreiches verwandeln lässt, wenn Sie sie mit Begeisterung angehen. Dazu benötigen Sie einen festen Glauben an die höhere Macht in Ihnen. Begeisterung ist ansteckend. Lernen Sie, begeistert zu sein, und geben Sie diese Begeisterung an andere weiter.

Und dann ist da noch der „Große Elfer-Plan". Den verdanke ich einem Mann, der nach einem Vortrag zu mir kam. Er erzählte mir, was für ein Versager er früher gewesen war, ein einziger wandelnder Misserfolg, ohne jede Begeisterung. Doch, wie er mir sagte, hatte er dann eines Tages eine meiner kleinen Predigten gelesen, in der ich empfahl, großzügig zu beten, großzügig zu glauben – und so weiter. Er sagte, er hätte sich für sehr klein gehalten. Großzügiges Denken war ihm völlig fremd gewesen.

Doch die Predigt weckte den Adler in ihm. Von nun an wollte er sich hoch emporschwingen.

„Aber“, sagte er, „ich habe das, was in Ihrer Predigt stand, noch ein wenig verbessert. Ich nenne es heute den ‚Großen Elfer-Plan'.“ Er diktierte mir seine „Großen Elf“, und ich schrieb sie mir auf. Er vergegenwärtigt sich diese Worte jeden Morgen und jeden Abend. „Großes beten, Großes denken, Großes glauben, Großes tun, Großes träumen, Großes leisten, Großes geben, großzügig vergeben, großzügig lieben, großzügig sein und gerne lachen.“ Ist das nicht wunderbar? Wenn Sie morgens aus dem Haus gehen, sollten Sie an diese großen elf Dinge denken. *Großes beten, Großes denken, Großes glauben, Großes tun, Großes träumen, Großes leisten, Großes geben, großzügig vergeben, großzügig lieben, großzügig sein und gerne lachen.* Dann wird Gott Ihnen seine guten Gaben schenken, so dass Sie jung und stark sein können wie ein Adler. Und Sie werden Ihr ganzes Leben lang von Begeisterung erfüllt sein.

4. Kapitel

Die Kraft des Optimismus

Also, jetzt möchte ich Ihnen folgende Frage stellen: Wollen Sie gerne das Beste in diesem Leben bekommen, oder wollen Sie sich mit dem Schlimmsten zufrieden geben? Jeder Mensch, der auch nur einen Funken Verstand hat, weiß, dass es auf diese Frage nur eine Antwort gib. Das Beste, natürlich. Und wie bekommen Sie es? Die Antwort ist ganz einfach: Denken Sie das Beste und nicht das Schlimmste – denn auf lange Sicht bekommen Sie das, womit Sie sich gedanklich beschäftigen. Wenn Sie gerne wissen möchten, wie es Ihnen in zehn Jahren gehen wird, kann ich es Ihnen sagen. Dazu muss ich Ihnen nicht aus der Hand lesen. Es genügt, dass Sie Ihre eigenen Gedanken lesen. Denn das, was Sie überwiegend denken, bestimmt, in welcher Weise Sie das Sie umgebende Universum aktivieren. Ihre äußeren Lebensumstände sind ein Produkt Ihres inneren geistigen Zustands. Gedanken sind sehr zart und flüchtig. Und doch können sie gefährlich sein wie eine Spinne, die ihr Netz webt. Wir können Gedanken nicht sehen, aber wir können ihre Auswirkungen sehen und spüren. Nach und nach summieren sich alle diese Gedanken, und in zehn Jahren sind Sie und ich das, was wir in dieser Zeit vorwiegend gedacht haben.

Gehören Sie zu den Menschen, die von Natur aus erwarten, dass das Leben Gutes für sie bereithält? Haben Sie das Gefühl, stark und allen Herausforderungen gewachsen zu sein, aus jeder Schwierigkeit als Sieger hervorzugehen? Mit anderen Worten, sind Sie ein Mensch, der über *Schöpferische Positive Erwartung* verfügt?

Schöpferische Positive Erwartung! Alle Menschen sollten lernen, diese Geisteshaltung zu kultivieren. Das sollte in allen Schulen auf dem Lehrplan stehen. Würden wir alle schon in der Schule lernen, stets nach dem Besten zu streben – das Beste zu leisten, die Besten zu sein –, wäre das ein Segen für die ganze Menschheit.

Einmal lud mich der Schulrat von Sumpter County in South Carolina ein, bei ihnen eine Rede zu halten. Es war eine große Versammlung von fünfzehn- oder zwanzigtausend Menschen in einer Sporthalle. Und was war der Anlass, den sie feierten? Ein Jubiläum: Seit genau einem Jahr stand nämlich dort in den staatlichen Schulen positives Denken auf dem Lehrplan. Paul Harvey, einer meiner guten Freunde, war der Initiator dieser Aktion.

Und was hatte sich in den staatlichen Schulen von Sumpter County verändert, seit den Kindern *Schöpferische Positive Erwartung* und religiöser Glaube zum ersten Mal systematisch im Unterricht vermittelt wurden? Erstmalig schnitten die Schüler der ersten Klasse in allen fünfzehn Schulen des Countys besser ab als der Landesdurchschnitt. In einer Schule schnitten dreiundfünfzig Prozent der Schüler des dritten Jahrgangs besser als der Landesdurchschnitt ab, und insgesamt verbesserten sich die Leistungen der Schüler um zehn Prozent. Bei den Schülern der elften Jahrgangsstufe verbesserten sich die Lesefähigkeit ebenso wie die Leistungen auf wissenschaftlichem Gebiet erheblich. Gleichzeitig gingen die Fehlzeiten der Schüler dramatisch zurück. Vandalismus, also Sachbeschädigungen durch Schüler, ging auf Null zurück. Paul Harvey sagt, dass es in allen fünfzehn Schulen tatsächlich keinen einzigen Fall von Sachbeschädigung mehr gab. Und die Beteiligung der Eltern am schulischen Leben stieg spürbar an. Pädagogen finden dieses Wunder von Sumpter County so bemerkenswert, dass inzwischen Anfragen von Fachleuten aus so weit entfernten Ländern wie Venezuela und Indien eintreffen, die sich über das Projekt informieren möchten.

„Nichts ist unmöglich!" Ich weiß, dass es heutzutage viele negative Denker gibt, die Ihnen das genaue Gegenteil erzählen. Sie führen ein Argument nach dem anderen dafür an, warum dieses und jenes angeblich absolut unmöglich sei. Und warum tun sie das? Weil sie nicht siegreich sein wollen. Sie sind glücklicher, wenn sie erfolglos sind. Und sie wollen auch nicht, dass irgendein anderer Mensch erfolgreich ist. Sie wollen, dass die Dinge schlecht laufen. Es gibt heute eine Menge Menschen, die ganz klar wollen, dass die allgemeine Lage schlecht ist, weil sie dann selbst keine Initiative entwickeln müssen und es sich in ihrer eigenen Erfolglosigkeit bequem einrichten können.

Was müssen Sie tun, wenn Sie die Grenzen dessen, was für Sie möglich oder unmöglich ist, neu austesten wollen? Sie müssen bereit sein, Bewegung in Ihr Leben zu bringen, Ihre Position zu verändern. Sie müssen sich über das vermeintlich Unmögliche erheben. Dann wird es kleiner, und Sie selbst werden größer. Alle großen Generäle haben ihre Siege errungen, indem sie die Schlacht von einem Feldherrnhügel aus dirigierten. Von dort konnten sie auf den Feind hinabschauen, und damit hatten sie ihn unter Kontrolle. Jeder Mensch, der ein Problem überwinden möchte, muss sich über das Problem erheben und auf es herabsehen. Dann erscheint es nicht mehr so riesengroß und unüberwindlich. Und er gewinnt neues Selbstvertrauen.

Ich traf mich einmal mit einem Mann zum Mittagessen, der etwas auf das weiße Tischtuch zeichnete. Den Kellern gefiel das überhaupt nicht, aber mir hat es sich unauslöschlich eingeprägt. Er zeichnete einen Berg auf das Tischtuch – einen riesigen Berg. Und dann zeichnete er einen kleinen Mann. Der Größenunterschied zwischen dem Berg und dem Mann war wirklich spektakulär. Dann sagte er zu mir: „Wie kann dieser Mann auf die andere Seite des Berges gelangen?“ „Oh“, antwortete ich, „er könnte zum Beispiel um die rechte Seite des Berges herumlaufen.“ Er entgegnete: „Nein, dieser Weg ist viel zu weit.“ „In Ordnung“, sagte ich, „dann spielt er eben über den linken Flügel und versucht es auf dieser Seite.“ „Ist auch zu weit.“ „Na gut“, erwiderte ich, „dann gräbt er sich eben unter dem Berg durch.“ Er sagte: „Auch unmöglich. Das wäre viel zu tief.“ „Na gut. Dann nimmt er Anlauf und wirft sich kopfüber gegen den Berg und bohrt sich durch.“ „Also“, sagte er, „das ist nun wirklich Unsinn! Der Berg ist viel zu dick. Er würde sich dabei den Schädel zertrümmern.“

„Dann bleibt ihm wohl nichts anderes übrig, als über den Berggipfel zu klettern“, sagte ich. „Nun, Sie wissen doch, wie schwer es für unsere Vorfahren war, auf dem Weg in den Westen die Rocky Mountains zu überwinden“, sagte er. „Aber wie gelangen Sie heute nach Kalifornien? Sie fliegen in einer Boeing 747 über die Berge. Und wo stammen die 747 und alle anderen Verkehrsjets her? Der menschliche Verstand hat sie erdacht. Wenn ein Mensch auf eine Trittleiter steigt, macht ihn das ungefähr einen Meter größer. Läuft er auf Stelzen, ist er schon viereinhalb Meter groß. Und so findet er durch Denken die Lösung für seine Probleme. Und durch Denken schafft er es auch, hohe Berge zu überwinden, beispielsweise indem er Flugzeuge konstruiert."

Sehen Sie? Hier ist der Berg. Da sind Sie, ziemlich klein. Aber Sie haben einen Verstand, den Sie gebrauchen können. Sie können denken. Und Sie können beten. Sie können Ihr Bewusstsein auf die Wellenlänge des allmächtigen Gottes einstimmen. Und so erheben Sie sich über alle Probleme und Schwierigkeiten.

Wenn es Ihnen schwerfällt, optimistisch zu sein, möchte ich Ihnen das „Glaubensbekenntnis für Optimisten" von Christian D. Larsen empfehlen. Dieses Glaubensbekenntnis besteht aus zehn Versprechen. Halten Sie sich an diese zehn Versprechen, dann wird die Kraft des Optimismus und der Freude Sie erfüllen.

Das erste Versprechen lautet:
Ich werde so stark, dass nichts meine innere Ruhe stören kann. Ich vertraue auf eine Höhere Macht und auf meine innere Fähigkeit, jeden Berg zu überwinden.

Zweites Versprechen:
Ich werde mit allen Menschen, die mir begegnen, über

gute Gesundheit, Glück und Wohlstand reden. Ich werde mich negativer Kommentare enthalten und stets die gute Seite eines Themas oder einer Situation sehen. Ich werde mich nicht an Tratsch beteiligen und mein Augenmerk auf die positiven Neuigkeiten des Tages richten.

Drittes Versprechen:
Ich werde allen meinen Freunden das Gefühl geben, dass sie wichtig und eine Quelle der Inspiration sind. Ich werde meine Mitmenschen wertschätzen und achten. Ich werde meine Freunde an meinem neu gewonnenen Optimismus teilhaben lassen.

Viertes Versprechen:
Ich werde bei allem, was ich erlebe und höre, immer die gute Seite suchen und sehen. Ich werde bei jeder Situation nach den guten, statt nach den schlechten Aspekten suchen. Ich werde den Neinsagern und Pessimisten kein Gehör schenken. Ich werde immer den Silberstreif am Horizont sehen.

Fünftes Versprechen:
Ich werde das Beste denken, bei der Arbeit mein Bestes geben und stets das Beste erwarten – denn ich verdiene nur das Beste.

Sechstes Versprechen:
Ich werde mich über die Erfolge anderer genauso freuen wie über meine eigenen. Ich werde die Freuden meiner Freunde mit so viel Energie feiern, wie ich sie wegen ihrer Sorgen tröste.

Siebtes Versprechen:
Ich werde frühere Fehler vergessen und mich auf das konzentrieren, was ich in der Zukunft erreichen kann. Ich werde hinter dem Gestern die Tür schließen, am heutigen Tag Positives leisten und mich auf morgen freuen.

Achtes Versprechen:
Ich werde bewusst versuchen, immer ein freundliches Gesicht zu machen. Ich werde allen Menschen, die mir begegnen, ein Lächeln schenken.

Neuntes Versprechen:
Ich werde so viel Zeit dafür verwenden, an mir selbst zu arbeiten und ein besserer Mensch zu werden, dass ich gar nicht mehr dazu komme, andere zu kritisieren.

Und, zu guter Letzt, das zehnte Versprechen:
Ich werde zu optimistisch sein, um mir Sorgen zu machen, zu großmütig, um mich zu ärgern, zu stark, um Angst zu haben, und zu glücklich, um mich von Problemen und Schwierigkeiten unterkriegen zu lassen. Mit anderen Worten, von jetzt an werde ich eine ansteckende, auf meine Umwelt ausstrahlende positive Geisteshaltung kultivieren.

Wann haben Sie zuletzt gesagt: „Das ist unmöglich"? Wenn Sie die zehn Versprechen konsequent in die Tat umsetzen, werden Sie diesen Satz schon bald aus Ihrem Vokabular streichen. Da bin ich mir sicher.

5. Kapitel

Sich Ziele setzen – Der Schlüssel zum Erfolg

Als ich in Denver einen Stadtbummel machte, kam plötzlich dieser junge Mann auf mich zu, mit ausgestreckter Hand, ein sympathisch aussehender Mann Anfang dreißig. Er umklammerte meine Hand und sagte: „Ist das nicht großartig, dass ich Sie treffe? Meine Mutter hat alle Ihre Bücher gelesen." Ich sagte: „Und was lesen Sie?" „Oh", sagte er, „wohin gehen Sie?" „Bin auf dem Rückweg zu meinem Hotel", antwortete ich. Er ging neben mir her, und ich fragte ihn: „Was machen Sie beruflich?" „Oh", antwortete er, „die Zeiten sind schlecht. Ich bin arbeitslos, suche aber einen Job." „Was für einen Job suchen Sie denn?", erkundigte ich mich. „Oh", sagte er, „ich weiß nicht. Ich glaube, jede Art von Job – Hauptsache, irgendjemand gibt mir endlich Arbeit." „Und es ist Ihnen ganz egal, welche Arbeit?" „Ja", sagte er, „Hauptsache, ich verdiene etwas Geld." „Nun", sagte ich, „wann erwarten Sie denn, diesen Job zu bekommen?" Er antwortete: „Ich habe nicht die leiseste Ahnung. Ich laufe schon seit Tagen durch die Stadt und schaue mich um." Und ich entgegnete: „Sie haben also keine Ahnung, was für einen Job Sie wollen oder wann Sie Arbeit finden werden. Habe ich das richtig verstanden?" „Na und? Worauf wollen Sie hinaus?"

Ich sagte zu ihm: „Wollen Sie wirklich einen Job? Glauben Sie, dass Sie mit Gottes Hilfe Arbeit finden können?“ Er antwortete: „Ja, doch, das glaube ich.“ „Na schön“, sagte ich. „Dann nehmen wir jetzt ein Blatt Papier und einen Stift und schreiben auf, welche Art von Arbeit Sie suchen. Beschreiben Sie mir Ihren Traumjob, und ich schreibe es auf.“ „Also“, sagte er, „ich wäre wirklich gerne Verkäufer.“ „Und was wollen Sie verkaufen?“, fragte ich. „Ach, wissen Sie“, sagte er, „ich glaube, ich habe eine Neigung zum Versicherungsgeschäft. Ja, ich wäre gerne Versicherungsvertreter. Aber leider bin ich dafür viel zu dumm, meine Schulbildung ist zu schlecht, und ich habe kein ...“

„Sagen Sie mir nicht, was Sie nicht haben“, unterbrach ich ihn, „sagen Sie mir, was Sie wollen.“ Und er sagte: „Ich will als Versicherungsvertreter arbeiten.“ „Gut. Wie wäre es, wenn Sie klar beschließen, dass Sie nächste Woche anfangen wollen, sagen wir Donnerstagmorgen?“ „Aber wo soll ich bis dahin einen Job als Versicherungsvertreter herbekommen?“, fragte er. Und ich erwiderte: „Na, von einer Versicherungsagentur natürlich!“ Er sagte: „Darüber habe ich noch nie nachgedacht. Glauben Sie denn, dass ich es kann?“ Ich erwiderte: „Ja! Und glauben Sie selbst, dass Sie es können?“

Er sagte: „Jetzt, wo ich mit Ihnen gesprochen habe, glaube ich es!“ „Okay“, sagte ich. „Dann besorgen Sie sich den Job und geben Sie mir Bescheid, ob alles nach Wunsch geklappt hat.“ Kurze Zeit später rief er mich an. „Ich habe meinen Job als Versicherungsvertreter nicht am Donnerstag bekommen, sondern erst am darauf folgenden Montag. Aber jetzt habe ich ihn, und ich werde der beste Versicherungsvertreter in ganz Denver sein!“ Das glaubte ich ihm gerne. Aber er musste sich zuerst ein klares Ziel setzen. Als er noch ziellos und ohne Zeitplanung in der Stadt herumirrte, war dergleichen kaum zu erwarten gewesen.

Wenn Sie aber einen starken Glauben haben, wirklich an Gott glauben und an sich selbst und an das Leben und an Ihr Land und an die Zeit, in der Sie leben, dann können Sie Ihr Ziel erreichen. Aber Sie müssen dieses Ziel klar und präzise festlegen. Stellen Sie sich die einfache, aber enorm wichtige Frage: „Was will ich erreichen? Was ist mein Ziel?“

Wenn Sie Ihre Ziele verwirklichen wollen, müssen Sie sorgfältig planen und dann bei der Umsetzung Ihrer Pläne konsequent am Ball bleiben. Ein Ziel sollte nicht unklar und verschwommen sein, sondern klar definiert und sehr, sehr konkret – etwas, das Sie wirklich mit ganzem Herzen erreichen und verwirklichen wollen. Zuallererst sollten Sie wegen Ihres Zieles Gott befragen, im Gebet. Auf diese Weise stellen Sie sicher, dass es ein gutes, richtiges Ziel ist.

Wenn Ihr Ziel nicht richtig ist, dann ist es falsch, und dann wird nichts Gutes daraus entstehen. Wenn Sie also im Gebet herausfinden, dass Ihr Ziel nicht richtig ist, gibt es nur zwei Möglichkeiten: Entweder Sie verändern es so, dass es richtig wird, oder Sie setzen sich ein anderes Ziel. Haben Sie dann ein Ziel, bei dem Sie sicher sind, dass es gut und richtig ist, müssen Sie es ganz fest in Ihrem Bewusstsein verankern und sich darauf konzentrieren. Und wenn es dann in Ihr Unterbewusstsein sinkt, können Sie gar nicht anders, als es zu verwirklichen, denn dann ist es wirklich ein Teil von ihnen.

Es gibt fünf Schritte, die Ihnen sehr dabei helfen können, Ihre selbst gesteckten Ziele zu erreichen.

Schritt Eins:

Denken Sie darüber nach, was Sie im Leben erreichen möchten. Schmieden Sie einen wirklich durchdachten Plan für Ihre Zukunft und vergessen Sie alle falschen Wege, die Sie vielleicht in der Vergangenheit eingeschlagen haben. Treffen Sie eine klare Entscheidung, wohin die Reise gehen soll. Fassen Sie in ein bis zwei präzisen Sätzen zusammen, was Sie in den nächsten Jahren erreichen wollen.

Praktizieren Sie dies auch in Ihrem Privatleben. Vermutlich wird es Sie überraschen, wie schwierig das ist, wenn Sie sich im persönlichen Bereich bislang wenig Ziele gesetzt haben. Haben Sie entschieden, was Ihnen besonders wichtig ist, formulieren Sie Ihr Ziel knapp und klar, und schreiben Sie es auf. Eliminieren Sie alle schwammigen, verschwommenen Gedanken. Nehmen Sie einen Kalender zur Hand und planen Sie, was Sie in diesem Jahr verwirklichen wollen, und was im nächsten Jahr, in fünf Jahren und in fünfundzwanzig Jahren erreicht sein soll. Je genauer und klarer Sie dabei sind, desto besser sind Ihre Erfolgsaussichten.

Schritt Zwei:

Informieren Sie sich, lernen Sie! Bringen Sie alles in Erfahrung, was Sie wissen müssen, um Ihr Ziel zu erreichen. Viele Leute sagen zwar, dass sie sich dieses und jenes wünschen. Aber fragt man genauer nach, merkt man rasch, dass sie sich überhaupt nicht die Mühe machen, sich ernsthaft über die Verwirklichung ihres Wunschtraumes zu informieren. Dann geht es ihnen wie einem jungen Mädchen, das Ballerina werden möchte. Es träumt davon, schöne Kostüme zu tragen und auf den Zehenspitzen zu wunderbarer Musik zu tanzen. Es sieht sich als Schwan. Wenn es dann aber anfängt, Ballettunterricht zu nehmen, verblasst der Traum schnell. Es war sich nicht darüber im Klaren, wie viel Arbeit, Schmerzen und Opfer das Tanzen erfordert.

Wenn dieses Mädchen sein Ziel erreichen möchte, muss es das regelmäßige, disziplinierte Tanz-Training zum Mittelpunkt seines Lebens machen. Da ist es gut möglich, dass das Kind diesen Traum bald aufgibt, weil es nicht wusste, welche Konsequenzen seine Verwirklichung hat.

Wenn man acht oder zehn Jahre alt ist, geht es in Ordnung, das Wasser zu testen, indem man hineinspringt und dann eine Entscheidung trifft. Aber als Erwachsener sollten Sie sich zunächst gründlich über die Konsequenzen informieren, ehe Sie entscheiden, ob das, von dem Sie zunächst vielleicht nur vage träumen, tatsächlich Ihr künftiger Weg sein soll. Stellen Sie Nachforschungen an. Schaffen Sie sich eine gute Entscheidungsgrundlage. Finden Sie heraus, welchen Aufwand und Arbeitseinsatz die Verwirklichung Ihres Traumes verlangt, und fragen Sie sich, ob er Ihnen dann immer noch so attraktiv erscheint wie zuvor. Wenn Sie sich ein eigenes Haus wünschen, sollten Sie sich vergewissern, ob Sie die damit verbundenen Belastungen wirklich auf sich nehmen wollen. Vielleicht werden Sie eine Hypothek abzahlen müssen. Der Garten muss gepflegt, anfallende Reparaturen erledigt werden. Wenn Sie hinaus ins Grüne ziehen wollen, sollten Sie sich gut überlegen, ob Sie täglich ein oder zwei Stunden Fahrtzeit zum Arbeitsplatz in Kauf nehmen möchten. Ist es angenehm, Einkäufe nur mit dem Auto erledigen zu können? Wird Ihnen nicht das pulsierende Leben und das kulturelle Angebot der Stadt fehlen? Beantworten Sie sich solche wichtigen Fragen, bevor Sie Ihr Leben verändern.

Schritt Drei:

Legen Sie einen Zeitrahmen fest, in dem Sie Ihr Ziel erreichen wollen. Bestimmen Sie ein Datum, bis zu dem Ihr Traum verwirklicht sein soll. Tragen Sie sich dieses Datum in den Kalender ein. Wenn Sie einen Endlos-Kalender benötigen, um mehrere Jahre vorausplanen zu können, kaufen Sie sich einen. Stellen Sie sich nicht selbst ein Bein, indem Sie sagen: „Eines Tages werde ich mir einen anderen Job suchen." Oder: „Irgendwann werde ich endlich eine große Amerikareise machen." Oder: „Früher oder später werde ich wieder zur Uni gehen, um mein Studium abzuschließen." Schreiben Sie stattdessen: „Mein Plan lautet, im nächsten Semester an die Universität zurückzukehren. Zweieinhalb Jahre danach werde ich mein Examen machen." Bewahren Sie den Zettel, auf dem Sie Ziel und Datum notiert haben, an gut sichtbarer Stelle auf. Dann werden Sie in zweieinhalb Jahren mit an Sicherheit grenzender Wahrscheinlichkeit Ihre Examensurkunde in Empfang nehmen können.

Schritt Vier:

Dieser Schritt ist ganz besonders wichtig. Beten Sie, um sich darüber klar zu werden, ob Sie die richtige Entscheidung getroffen haben. Ein Ziel, das für Sie persönlich nicht das richtige ist, werden Sie niemals erreichen können. Verbringen Sie einige Zeit im Gebet oder in Meditation. Bitten Sie um göttliche Führung und vertrauen Sie auf Gott. Mit Gottes Hilfe werden Sie erkennen, ob Sie die richtigen Prioritäten gesetzt haben und ob das, was Sie erstreben, wirklich gut für Sie ist.

Nehmen wir beispielsweise an, Sie wollen gerne Konzertpianist werden. Wenn Sie aber über kein musikalisches Talent verfügen und keine Lust haben, täglich viele Stunden zu üben, werden Sie auf diesem Gebiet keinen Erfolg haben. Wenn Sie gerne Jockey werden möchten, aber einsneunzig groß sind, stehen die Chancen für die Verwirklichung Ihres Traumes ziemlich schlecht. Wählen Sie Ihre Ziele realistisch und mit Bedacht – und arbeiten Sie dann diszipliniert und fest entschlossen auf Ihre Verwirklichung hin, bereit, alles Erforderliche zu tun, um Ihren Traum Gestalt annehmen zu lassen.

Schritt Fünf:

Lehnen Sie sich niemals im selbstzufriedenen Gefühl, angekommen zu sein, bequem zurück. Lassen Sie im Streben, dazuzulernen und sich weiterzuentwickeln, niemals nach. Setzen Sie sich immer wieder neue Ziele. Es ist auch völlig in Ordnung, mehrere Ziele gleichzeitig zu verfolgen. Die meisten Menschen tun das. Und Sie werden feststellen, dass das Erreichen eines Ziels neue Wünsche in Ihnen aufkommen, Sie wieder zu neuen Zielen streben lässt. Das Leben ist eine endlose Kette von Zielen. Legen Sie sich also die Messlatte immer wieder höher und versuchen Sie, immer neue Maßstäbe zu setzen und Rekorde aufzustellen.

Neben diesen fünf Schritten möchte ich Ihnen noch eine weitere Herangehensweise empfehlen, die ebenfalls eine große Hilfe beim Erreichen Ihrer selbstgesteckten Ziele ist: die Dreifach-Methode.

Diese Dreifach-Methode setzt sich aus drei Elementen zusammen, die jeden Menschen sicher ans Ziel bringen können. Das erste Element ist ein tiefes, intensiv empfundenes Begehren. Element Nummer zwei ist die Kreativität – wirklich schöpferisches Denken. Kreatives, schöpferisches Denken ist eine Kunst, in der jeder Mensch sich möglichst oft üben sollte. Und das dritte Element ist der Glaube, ein fester, unerschütterlicher Glaube daran, dass mit Gottes Hilfe alle Dinge möglich sind. Das sind die drei unschlagbaren Elemente zur Erreichung Ihrer Lebensziele.

6. Kapitel

Die Kraft der Imagination

Kürzlich hörte ich wieder von einem Mann, der enorme geschäftliche Erfolge erzielt hat. Ich musste daran denken, wie ich diesen Mann vor zwanzig Jahren zum ersten Mal getroffen hatte, als er noch ganz am Anfang stand. Damals war er noch sehr jung. Seine kleine Firma war winzig, wirklich unbedeutend. Ihre wirtschaftliche Stellung war noch nicht einmal zweitklassig – sie war drittklassig. Einmal, als ich eine Unterhaltung mit ihm hatte, stand er auf, ging unruhig hin und her und erzählte mir, wie seine Firma in zwanzig Jahren aussehen würde. Er beschrieb alles ganz detailliert.

Er zog ein Blatt Papier aus der Tasche, auf dem er in Form eines Diagramms die künftigen Entwicklungsschritte seiner Firma genau festgelegt hatte, Punkt für Punkt. Hier werde ich das tun. Danach wird das geschehen. Und das Resultat wird wie folgt aussehen – er hatte alles präzise vorausgeplant. Zuerst schaute ich ihn eher mitleidig an. Dann wich das Mitleid wachsender Bewunderung, und schließlich steckte er mich derart mit seinem Optimismus und seiner Energie an, dass ich mit ihm im Zimmer auf und ab ging, völlig begeistert von seinen großen Plänen. Und er hat tatsächlich erreicht, was er sich damals vornahm. Seine zielgerichtete, sorgfältige Imagination verhalf ihm zum Erfolg.

Auch muss ich an eine Frau denken, die vierzig Kilo abnehmen wollte. Sie hatte jede Diät ausprobiert. Sie hatte alle einschlägigen Bücher gelesen und diverse Abspeck-Kliniken aufgesucht, alles ohne Erfolg. Als sie mir ihr Leid klagte, erklärte ich ihr, dass sie sich in ihrer Imagination als schlanker Mensch sehen müsse. Ich riet ihr, genau zu visualisieren, wie es sein würde, wenn ihr Körper so schlank war, wie sie es sich wünschte – welche Kleidung sie tragen und was sie alles tun würde. Wenn sich dieses Bild einmal tief in ihrem Bewusstsein verankert hatte, würde ihr Körper ihre imaginäre Wahrnehmung verwirklichen. Außerdem müsse sie fest an sich selbst und an Gott glauben. Das würde ihr die Willensstärke verleihen, sich richtig zu ernähren und regelmäßig Sport zu treiben. Ich empfahl ihr, einen konkreten Zeitpunkt festzulegen, bis zu dem sie ihr Wunschgewicht erreichen wollte. Daraufhin beschloss sie, innerhalb eines Jahres die gewünschten vierzig Kilo abzunehmen.

Während der folgenden zwölf Monate nahm sie pro Woche knapp ein Kilo ab. Nach einem Jahr schickte sie mir ein Telegramm, in dem sie mir mitteilte, dass sie mit gezielter Imagination, also den empfohlenen Visualisierungsübungen, Hartnäckigkeit und unerschütterlichem Glauben an sich selbst ihr Ziel erreicht hatte. Dabei hatte sie stets darauf vertraut, dass Gott an ihrer Seite war und ihr in jeder Weise half.

Beginnen Sie jeden Tag mit positiver Imagination und freudiger Erwartung. Vor einiger Zeit habe ich einen Mann getroffen, dessen Leben sich durch den positiven Einsatz seiner Imagination von Grund auf geändert hat.

Er berichtete mir: „Das Geheimnis meiner Veränderung besteht darin, dass ich eines Tages dazu überging, statt morgens voller Sorge das Schlimmste zu erwarten, zu imaginieren, dass mein Tag positiv verlaufen würde. Das war früher ganz anders. Jahrelang fragte ich mich, wenn ich am Morgen die Augen aufschlug: Was mir heute wohl wieder Schreckliches zustoßen wird? Mit welchen Problemen werde ich mich herumschlagen müssen? Und weil ich den Tag auf diese Weise begann“, erzählte er, „bekam ich auch meistens, was ich erwartete.“ Und so ergeht es allen Menschen, die durch negative Imagination ihre Umwelt negativ aktivieren. Man bekommt das, womit das eigene Denken überwiegend beschäftigt ist. Was man gedanklich als Möglichkeit für die Zukunft imaginiert, wird, wenn man sich dieser Imagination immer wieder hingibt, schließlich zur Tatsache.

„Dass es mir heute viel besser geht“, berichtete er weiter, „verdanke ich allein meiner Frau. Eines Morgens nahm ich mal wieder in gewohnt verdrießlichen Stimmung am Frühstückstisch Platz und sagte zu ihr: Das wird bestimmt ein scheußlicher Tag. Ich nahm die Zeitung und mir gefiel nichts von dem, was ich dort las. Während wir frühstückten, erfreute ich meine Frau mit meinem üblichen Gejammer darüber, dass es mit dieser Welt immer weiter bergab gehe. Das hatte sie sich von mir schon viele Male anhören müssen. Aber an diesem Morgen hatte sie einen Radiosender eingeschaltet, der ein religiöses Programm ausstrahlte. Der Moderator sagte mit klarer, fröhlicher Stimme: ‚Freunde, dankt Gott für diesen Tag. Es wird ein herrlicher Tag werden.’ Dann zitierte er zwei Bibelstellen. Zuerst einen Vers aus der Genesis: *Und Gott sah an alles, was er gemacht hatte, und siehe, es war sehr gut.* Dann eine Zeile aus dem 118. Psalm: *Dies ist der Tag, den der Herr gemacht hat; wir wollen jubeln und uns an ihm freuen.* Mir ging dieses fromme Gerede auf die Nerven und ich sagte meiner Frau, sie solle das Radio ausschalten. Sie erwiderte: ‚Aber genau das ist es, was du brauchst. Wenn du mich liebst, dann musst du mir einen Gefallen tun.' ‚Oh', sagte ich, ‚natürlich liebe ich dich. Was soll ich für dich tun? Ich bin zu allem bereit.'

‚Gut', sagte sie, ‚ich möchte, dass du jetzt mit mir diese beiden Bibelverse dreimal hintereinander laut sprichst. Und dann möchte ich, dass du sagst: Wir beginnen diesen Tag voller guter Erwartungen. Und wenn du daran denkst, wiederhole die Bibelverse während des Tages ein paar Mal.' Nun, ich erfüllte ihr diesen Wunsch. Natürlich lassen sich jahrelange Gewohnheiten nicht über Nacht ändern. Meine negative Haltung machte mir noch einige Zeit zu schaffen. Aber dieser erste Tag verlief so gut, dass ich mir am nächsten Tag dachte, ja, ich versuche es heute wieder. Und so nahm ich nach und nach eine immer positivere Haltung ein. Heute erwarte ich Gutes, meine Imagination ist positiv, und darum geht es mir gut."

Nachfolgend stellte ich Ihnen fünf Schritte vor, mit denen Sie Ihr Denken fokussieren und die Kraft Ihrer Imagination aktivieren können. So lernen Sie, Ihre Ziele möglichst lebhaft zu visualisieren und Gutes zu erwarten. Die positiven Folgen werden nicht lange auf sich warten lassen.

Schritt Eins:

Benutzen Sie einen Terminplaner oder ein Notizbuch zum

Festhalten Ihrer Ziele. Sammeln Sie darin aus Zeitschriften ausgeschnittene Bilder, eigene Fotos oder Zeichnungen, die das, was Sie anstreben, symbolisieren. Schauen Sie sich diese Bilder täglich an, um sie sich ständig frisch im Bewusstsein zu halten.

Schritt Zwei:
Wenn Sie genau wissen, was Sie erreichen wollen, widmen Sie Ihrem Projekt Ihre ganze Energie, Kreativität und Aufmerksamkeit. Nichts ist so einfach, wie es zunächst scheint. Vermutlich werden Sie sich immer wieder neuen Herausforderungen gegenübersehen, die es zu bewältigen gilt. Doch gerade deshalb werden Ihre Erfolge Sie zutiefst befriedigen. Wenn Sie nicht bereit sind, sich mit ganzem Herzen einem Projekt zu widmen, sind die Erfolgschancen gering.

Schritt Drei:
Aufzugeben kommt überhaupt nicht in Frage! Das muss für Sie völlig undenkbar sein. Alle Zeit, die Sie für Ihr Projekt aufwenden, ist in der Ewigkeit Gottes nicht mehr als ein Wimpernschlag. Versuchen Sie nicht, in einer Woche etwas zu schaffen, wofür man bei sorgfältiger Arbeit ein Jahr braucht. Und lassen Sie sich nicht entmutigen, wenn aus diesem Jahr zwei oder drei werden. Wenn es Gottes Wille ist und Sie unerschütterlich an den Erfolg glauben, werden Sie Ihr Ziel erreichen.

Schritt Vier:
Nehmen Sie sich täglich etwas Zeit, um Ihr Ziel zu überdenken, sich seine Verwirklichung auszumalen, und Ihre

Vision, falls erforderlich, zu verfeinern oder zu korrigieren. Es ist völlig in Ordnung, wenn Sie notwendige Anpassungen vornehmen und neue Erkenntnisse anwenden, solange Sie Ihrem grundsätzlichen Ziel treu bleiben. Bleiben Sie realistisch, überprüfen Sie Ihre Vision immer wieder an der Wirklichkeit.

Schritt Fünf:
Zögern Sie nicht, Ihren Schöpfer um Hilfe zu bitten. Niemand kann allein auf sich gestellt viel bewegen, aber dem, der an sich selbst und an Gott glaubt, ist nichts unmöglich.

Die Anwendung dieser fünf Schritte bringt Erfolg durch Imagination und Glauben. Neue Horizonte werden sich für Sie auftun, und was Ihnen zuvor unerreichbar schien, wird schon bald zur greifbaren Wirklichkeit werden.

7. Kapitel

Lieben Sie das Leben, dann wird das Leben Sie lieben

Ein unverzichtbares Element für ein erfolgreiches Leben ist das, was ich das „Liebesprinzip“ nenne. Es ist wichtig, dass wir eine reife, erwachsene Vorstellung davon entwickeln, was Liebe eigentlich ist. Wir verwenden dieses Wort viel zu verschwenderisch, so dass man fast den Eindruck hat, es hätte in unserer Sprache überhaupt keinen wirklichen Wert mehr. Wir sagen: „Ich liebe mein Auto. Ich liebe Fußball. Ich liebe es, einkaufen zu gehen.“ Werden Sie sich darüber klar, was Liebe *nicht* ist. Wenn man irgendwelche Gegenstände mag, hat das nichts mit Liebe zu tun. Wenn man ein kurzlebiges romantisches Glühen für einen Menschen empfindet und unbedingt dessen Zuwendung erlangen will, ist das keine Liebe, sondern Abhängigkeit. Es handelt es sich um ein eher oberflächliches Gefühl, das stark von unseren Launen und Stimmungen abhängt. Auch findet bei einer solchen romantischen Affäre keine tiefe Veränderung der eigenen Person und des Partners oder der Partnerin statt. Es geht lediglich darum, vorübergehend ein paar angenehme Gefühle miteinander zu teilen.

Reife Liebe dagegen ist stärker spirituell orientiert. Durch sie wird ein Mensch tiefgreifend verändert. Wenn Sie einen anderen Menschen wirklich lieben, verlieren Sie

Ihre egoistische Selbstbezogenheit. Sie sind dann vor allem darum bemüht, dem anderen Gutes zu tun. Glück und Wohlergehen des geliebten Menschen ist Ihnen wichtiger als Ihr eigenes.

Es ist die Art von Liebe, die Eltern für ihr Kind empfinden. Diese Liebe stellt keine Bedingungen. Man ist bereit, auch schwere Zeiten gemeinsam durchzustehen, und geht aus solchen Prüfungen gestärkt hervor. Was immer das Kind tut, es wird rückhaltlos geliebt. Es mag sein, dass Ihr Kind Sie enttäuscht, Ihnen wehtut oder Entscheidungen trifft, die Ihnen falsch erscheinen – und doch lieben Sie es. So, wie Gott uns alle liebt, lieben Sie Ihr Kind, was immer es tun mag. Das ist das Wesen der bedingungslosen Liebe. Sie ist frei von Hintergedanken und Manipulationsversuchen. Es handelt sich um reife Liebe, wie sie reiner und besser nicht sein kann.

Wie denken Sie über die Menschen, die Sie lieben? Sind Sie bereit, sie für immer bedingungslos zu lieben – oder ist Ihre Liebe an bestimmte Erwartungen und Gegenleistungen geknüpft? Wird Ihre Liebe erlöschen, wenn diese Menschen Ihre Erwartungen nicht erfüllen? Ist Ihre Liebe verbunden mit Glauben, Treue und wahrer Freundschaft – oder ist sie nur Nebenprodukt eines oberflächlichen Strebens nach Annehmlichkeiten und kurzfristiger Befriedigung? Das größte Geschenk, mit dem wir Menschen gesegnet sind, ist unsere Fähigkeit, zu lieben und geliebt zu werden – nicht nur von anderen Menschen, sondern auch von einer Macht, die größer ist als wir.

Kürzlich las ich eine Geschichte meines Freundes Arthur Gordon. Darin erzählt er von einem kleinen Jungen in New York, der im Alter von drei Jahren von seinen Eltern ausgesetzt wird, weil er durch Kinderlähmung verkrüppelt war. Die Eltern wurden niemals gefunden. Der kleine Junge kam in ein staatliches Heim. Als er sechs Jahre alt war, schickte die Heimleiterin ihn nach Georgia, wo er bei ihren Verwandten untergebracht wurde, die am Meer inmitten schöner Pinienwälder wohnten.

Dort unten in Georgia lebte eine großartige, von allen geliebte Frau namens Mama Jean. Sie war Hebamme, und alle Frauen in der Gegend wollten ihre Kinder nur mit Mama Jeans Hilfe zur Welt bringen. Wie es schien, besaß sie heilende Hände. Wurde jemand krank, kam sie mit ihren Heilkräutern. Doch die eigentliche Heilkraft lag in ihren Händen. Sie legte den Kranken die Hände auf. Die meisten wurden daraufhin wieder gesund, und wer nicht gesundete, erlangte zumindest seinen Seelenfrieden.

Sie liebte alle kranken, verletzten Geschöpfe – seien es Menschen oder Tiere –, diese wunderbare, dicke Mama Jean. Und sie verliebte sich in den kleinen Waisenjungen aus New York. Jeden Abend kam sie und massierte seine dünnen, schwachen Beine. Von moderner Medizin verstand sie nicht viel, aber in ihren Händen lag Liebe und Kraft. Sie massierte seine Beine, bis er vor Schmerz weinte, und sie erzählte ihm von Jesus, sagte ihm, wie sehr Jesus ihn liebte und sich wünschte, dass der Junge gesund wurde.

Auch von Hydrotherapie hatte sie noch nie gehört, fühlte aber, dass das Wasser eine heilende Wirkung auf den Jungen haben würde. Sie wies ihre schon erwachsenen Enkelsöhne an, ihn zu einem Bach zu tragen und dort mit ihm zu baden. Während er im Wasser herumplanschte, sang sie ihm die alten Lieder des Südens vor. Immer wieder sagte sie zu ihm: „Schatz, eines Tages wirst du laufen können. Sage und denke niemals, das etwas unmöglich ist. Glaube fest daran, dass du gehen können wirst. Gott wird mir sagen, wann es soweit ist."

Einige Jahre verstrichen, und als er zwölf Jahre alt war, sagte sie eines Morgens zu ihm: „Schatz, letzte Nacht hat der Herr zu mir gesprochen und mir gesagt, dass heute der Tag ist, an dem du laufen wirst." Sie half ihm, sich aufzurichten und sich an den Stamm einer alten Eiche zu lehnen. Sie nahm ihm seine Krücken ab, hielt ihm ihre dicken, runden Arme entgegen und sagte: „Schatz, Mama Jean liebt dich, Jesus liebt dich, und jetzt möchte ich, dass du gehst." Er bekam Angst und sagte: „Mama Jean, du weißt doch, dass ich nicht gehen kann." Sie sagte: „Schatz, Gott hat mir gesagt, dass du gehen kannst. Was für den Menschen unmöglich ist, ist für Gott möglich. Komm, Schatz, gehe! Schritt für Schritt. Jetzt. Es sind nur drei Meter." Da machte er einen zitternden Schritt, und noch einen, und noch einen, und dann fiel er in ihre Arme, und sie weinten beide.

Es dauerte weitere zwei Jahre, bis er einigermaßen normal gehen konnte. Er liebte diese Frau. Sie war seine Familie. Sie war seine Mutter. Drei oder vier Mal in der Woche sahen sie sich. Er wurde ein Mann. Er wurde Redakteur bei einer Zeitung. Er liebte die Arbeit als Journalist und wurde auf diesem Gebiet sehr erfolgreich. Eines Abends klopfte es an der Tür, und einer ihrer Enkel, genauso groß und dick wie sie, sagte: „Mama Jean liegt im Sterben, und sie hat nach dir gefragt."

Er stieg zu Mama Jeans Enkel in den alten Lieferwagen und sie fuhren im Mondschein auf der von Pinien gesäumten Straße, vorbei an Pekanwäldern, durch das große weiße Tor, und schließlich kamen sie zu Mama Jeans Haus, wo ihre vielen Verwandten und Freunde versammelt waren. Niemand weinte. Niemand klagte. Sie waren einfach nur alle zusammengekommen und warteten stumm und nachdenklich im Angesicht der Würde des Todes. Mama Jean war nur noch zeitweilig bei Bewusstsein. Als sie seine Stimme hörte, sagte sie: „Komm zu mir, Schatz." Der starke Mann, zu dem der kleine Junge von einst geworden war, setzte sich an ihr Bett. Er nahm ihre Hand und legte sie auf seine Stirn als einen letzten Abschiedssegen. Mama Jean sagte zu ihm: „Schatz, gehe immer mit Gott, denn er hat dich zu dem gemacht, was du bist, und er wird immer an deiner Seite sein." Er legte ihre beiden Hände übereinander, und ein paar Augenblicke später tat Mama Jean ihren letzten Atemzug.

Mama Jean wusste, was bedingungslose Liebe ist. Sie ist Fürsorge, Bereitschaft, selbstlos zu geben, und unerschütterlicher Glaube, dass sich alles zum Guten wenden wird. Diese Liebe ist es, nach der wir uns alle sehnen. Mama Jean wäre es nie in den Sinn gekommen, den Jungen nicht mehr zu lieben, wenn er es nicht geschafft hätte, gehen zu lernen.

Stattdessen sagte sie ihm einfach, dass er es schaffen konnte. Sie besaß einen starken Glauben. Und sie war bereit, alles in ihren Kräften Stehende zu tun, um das, woran sie glaubte, möglich zu machen. Das ist reife Liebe. Das ist das Liebesprinzip in seiner reinsten Form.

Ein anderer Aspekt des Liebesprinzips hat mit jenen Menschen zu tun, die Teil unseres Lebens sind, aber nicht zu unserer Familie oder unserem nahen Freundeskreis gehören. Das sind Leute, denen wir uns nicht eng emotional verbunden fühlen. Wir haben beruflich mit ihnen zu tun oder wenn wir einkaufen gehen. Und es sind die Nachbarn, die wir uns nicht selbst ausgesucht haben. Manche von ihnen benehmen sich unfreundlich, als ob sie ständig wütend wären oder uns nicht leiden könnten.

Natürlicherweise neigen wir dazu, einen Bogen um Menschen zu machen, die sich uns gegenüber nicht warmherzig und freundlich verhalten. Begegnen wir ihnen aber mit Liebe und offenem Herzen, besteht die Chance, sie von einer ganz anderen Seite kennen zu lernen. Dann stellen wir fest, dass ihre Unfreundlichkeit oft nur ein Schutzwall ist, hinter dem sie ihre Probleme zu verbergen versuchen. Wenden Sie auch gegenüber solchen Menschen das Liebesprinzip an. Ich möchte Ihnen eine Geschichte erzählen, die sehr schön veranschaulicht, wie segensreich und wirkungsvoll dieses Prinzip sein kann.

Einmal wurde ich eingeladen, vor dem Buchhalter-Verband von Ohio eine Rede zu halten. Nun, es gibt gewiss niemanden, der weniger von Buchhaltung versteht als ich. Aber als Pfarrer ist es meine Aufgabe, die Menschen zu erreichen und zu inspirieren, ganz gleich, welchen Beruf sie ausüben. Wenn ich vor Buchhaltern sprechen soll, dann spreche ich eben vor Buchhaltern.

Anschließend aß ich mit dem Versammlungsleiter, einem netten, noch recht jungen Mann, zu Abend. Er erzählte mir: „Wissen Sie, lange Zeit hatte ich ein großes

Problem. Ich arbeite nämlich für einen Boss, der unglaublich hart ist.“ Da ich viele amerikanische Industrielle kenne, fragte ich ihn nach dem Namen. Und den betreffenden Herrn kannte ich tatsächlich – ein großer, furchteinflößend wirkender Mensch mit einem Gesicht, das aus Stein gemeißelt zu sein schien. „Ja“, sagte ich, „Sie haben Recht, der macht wirklich einen ziemlich harten und strengen Eindruck.“

„Allerdings“, erzählte er, „und ich muss ihm zweimal täglich Bericht erstatten. Lange Zeit machte mich das völlig fertig. Es zehrte wirklich an meinen Nerven. In seiner Gegenwart war ich einfach nicht ich selber. Ich war ängstlich, gehemmt und hielt es nur noch für eine Frage der Zeit, bis er mich feuerte. Dann las ich eines Ihrer Bücher, Mr. Peale. Darin schrieben Sie über das Liebesprinzip und dass wir Menschen, die uns einschüchtern oder die wir als schwierig empfinden, mit liebevollen Gedanken ‚bombardieren’ sollen. Von da an konzentrierte ich mich darauf, gute Seiten an meinem Boss zu entdecken und freundliche Gedanken auf ihn auszustrahlen, auch wenn mir das anfangs schwerfiel. Aber ich musste zugeben, dass er wirklich etwas von seinem Job verstand. Er war zwar ein harter Knochen, aber in allen geschäftlichen Dingen überaus geradlinig und korrekt.

Zunächst blieb meine Unsicherheit, das Gefühl, seinen Ansprüchen nicht genügen zu können. Aber endlich fasste ich mir ein Herz und fragte ihn: ‚Ich bin ein junger Mann, und Sie gehören zu den erfolgreichsten Industriellen Amerikas. Gibt es etwas, das Sie an meinen Leistungen auszusetzen haben, etwas, das ich unbedingt ändern sollte?’

‚Also', antwortete er ohne Umschweife, ‚ich schätze Ihr Fachwissen. Ich glaube, Sie haben wirklich das Zeug zu einem exzellenten Buchhalter. Aber eines hasse ich an Ihnen wie die Pest: Dass Sie immer in mein Büro gekrochen kommen wie ein verschüchtertes Kaninchen. Haben Sie etwa Angst vor mir?' ‚Ja, ich hatte immer Angst vor Ihnen', gab ich zu, ‚aber jetzt habe ich zum ersten Mal das Gefühl, dass Sie mein Freund sind' Und ich fuhr fort, ihn mit liebevollen Gedanken zu bombardieren.

Dann, eines Tages nach einer Konferenz sagte er zu mir: ‚Setzen Sie sich her zu mir, Jim. Ich möchte etwas mit Ihnen besprechen. Ich hatte einen Sohn, ungefähr Ihr Jahrgang. Er war mein einziges Kind. Eines Tages ist er gestorben. Und als er starb, ist etwas in mir gestorben. Es war, als hätte alle Lebensfreude mich verlassen. Jim, Sie sind ihm so ähnlich. Sie würden mir wirklich eine Freude machen, wenn Sie gelegentlich bei mir zu Hause vorbeischauen und wir ein wenig reden.'"

So entwickelte sich eine freundschaftliche Beziehung zwischen dem alten, harten Industriemagnaten und dem jungen, unsicheren Buchhalter. Damit ist wieder einmal schlüssig bewiesen, was der größte Gelehrte aller Zeiten einst so richtig sagte: „Meine Kinder, liebet einander." Wenn diese Erkenntnis sich endlich allgemein durchsetzt, werden mehr Menschen ein erfolgreiches Leben führen.

Nun möchte ich Ihnen drei Schritte ans Herz legen, mit denen Sie durch die Anwendung des Liebesprinzips Ihr Leben verändern können.

Schritt Eins:
Ersetzen Sie Ihren Hass und Ihre Bitterkeit durch liebevolle Gedanken und gute Wünsche. Das heißt, dass Sie sich in Gegenwart von übel gelaunten, verbitterten oder deprimierten Menschen besonders liebevoll und mitfühlend verhalten sollen. Entwickeln Sie den Ehrgeiz, ein Lächeln in das Gesicht jedes missmutigen Menschen zu zaubern, der Ihnen begegnet. Lassen Sie alle, die mit Ihnen in Kontakt kommen, die Wärme Ihrer Liebe spüren.

Schritt Zwei:
Knüpfen Sie Ihren liebevollen Umgang mit Familienmitgliedern und Freunden nicht an Bedingungen. Liebe soll *bedingungslos* sein. Streichen Sie das Wort „wenn" aus Ihrem Vokabular. Widmen Sie sich dann mit neuem Elan Ihrem Partner/Ihrer Partnerin, Kindern, Geschwistern, Eltern und nahen Freunden. Zeigen Sie ihnen, dass Ihre Liebe für sie grenzenlos und vorbehaltlos ist.

Schritt Drei:
Entwickeln Sie bewusst eine reife, erwachsene Vorstellung von der Liebe. Scheuen Sie sich nicht, anderen Ihre Gefühle zu zeigen. Fördern Sie die Menschen, die Sie lieben. Helfen Sie ihnen, erfolgreich zu sein. Stellen Sie in Ehe und Partnerschaft das Wohl des Partners oder der Partnerin an erste Stelle und zeigen Sie sich kompromissbereit, damit Sie beide zufrieden sind.

Wenn Sie diese drei Schritte in die Tat umsetzen, wenn Sie in Ihrem Herzen Liebe finden und diese Liebe an andere weitergeben, dann – und nur dann – leben Sie das Liebesprinzip. Und nur dann sind Sie ein wirklich erfolgreicher Mensch. Heutzutage gibt es viele gebildete, intellektuelle Menschen, die Ihnen einreden wollen, Liebe führe zu nichts. Wer es zu etwas bringen wolle, müsse raffiniert, kalt und rücksichtslos sein. Dagegen sage ich: Schauen Sie sich die Menschen an, die in dieser Welt die wirklich großen Leistungen vollbringen. Das sind allesamt Leute, die liebevoll und freundlich sind und ihre Mitmenschen mit Wertschätzung und Respekt behandeln.

8. Kapitel

Die Kraft der Gesundheit

Sind Sie glücklich und friedvoll genug, um lange zu leben? Seltsame Frage, nicht wahr? Doch ein berühmter amerikanischer Arzt namens John A. Schindler stellte sie jedem seiner Patienten. Wir waren befreundet. Er betrieb eine Praxis in Wisconsin und schrieb Bücher, unter anderem „Wie Sie 365 Tage im Jahr leben sollten". Er war ein wirklich großer praktischer Arzt, ein wahres Genie der Heilkunde, und er fragte seine Patienten stets: „Sind Sie glücklich und friedvoll genug, um lange zu leben?" Und er sagte zu ihnen – und über sie –, dass er seine Patienten gesund erhalten und ihnen ein langes Leben ermöglichen konnte, wenn es ihm gelang, sie dazu zu bringen, sich zehn Minuten täglich in einen Zustand reiner Freude und tiefen Friedens zu versetzen. Daraufhin fragte ich ihn, was das für ein Zustand sei. Seine Antwort lautete, dass er geistigen Frieden meine, in dem es keinen Hass, keine Furcht und keinen Konflikt gebe und der Geist absolut rein und klar sei. Und die reine Freude komme aus dem bedingungslosen Glauben an die Führung, Fürsorge und Güte Gottes.

Vor Jahren schienen Medizin und Religion zwei völlig voneinander getrennte Fachgebiete zu sein. Doch das ist glücklicherweise nicht mehr der Fall, denn heute sagt sogar ein berühmter Mediziner, dass wir lange leben, wenn wir Frieden und Freude haben. Heißt es nicht in der Bibel:

„Ein fröhliches Herz tut dem Leib wohl“? Der beliebte Schriftsteller Robert Louis Stevenson sagte: „Wer sich nicht freut, dem entgeht das Wichtigste.“ Lassen Sie sich also die Freude nicht entgehen! Der berühmte Gelehrte Paul Tillich schrieb: „Freude führt zu Erfüllung, und Erfüllung führt zu Freude.“ Frieden ist ein unerlässliches Element der Freude. Ohne Frieden kann es keine Freude geben und ohne Freude keinen Frieden. Und beide zusammen ermöglichen Heilung und Gesundung, verhelfen zu einem langen und erfüllten Leben.

Dr. Charles Mayo, der Gründer der Mayo-Klinik, sagte: „Ich habe noch nicht erlebt, dass jemand an Überarbeitung gestorben ist, aber ich habe viele Leute an ihren Zweifeln sterben sehen.“ Mit Zweifeln meinte Dr. Mayo mangelnden Glauben an sich selbst, an die eigenen Fähigkeiten sowie mangelnden Glauben an ein höheres Wesen, an Gott.

Ein siebenundachtzigjähriger Mann kam bei einem Autounfall ums Leben. Bei der Autopsie stellte sich heraus, dass der Körper des Mannes zahlreiche pathologische Veränderungen aufwies, aus denen leicht schwere Krankheiten hätten entstehen können. Doch er war bis zu seinem Unfalltod vital und völlig beschwerdefrei gewesen. Es war, als hätten die in ihm schlummernden „Krankheitssamen“ einfach keine Gelegenheit bekommen, aufzugehen und seinen Körper anzugreifen.

Die Ärzte erklärten seiner Tochter, dass ihr Vater, medizinisch gesehen, eigentlich schon vor zwanzig Jahren hätte sterben müssen, und fragten sie, ob sie eine Erklärung für die bis zuletzt gute Verfassung ihres Vaters hätte.

Sie antwortete, dass ihr Vater jeden Morgen gleich nach dem Aufstehen laut ausgerufen hatte: „Das wird wieder ein wunderschöner Tag!“ Sah er sich mit einer potentiell schwierigen oder gefährlichen Situation konfrontiert, sagte er immer: „Ich bin guter Hoffnung.“ Sein Glaube, seine Vitalität und seine Begeisterung für das Leben waren es, die ihn vor dem Ausbrechen der in seinem Körper schlummernden Krankheiten geschützt hatten. Seine Liebe zum Leben war stärker als die negativen Kräfte, die nach ihm greifen wollten.

Es ist für Ihre Gesundheit von entscheidender Bedeutung, wie Sie denken. Sie können sich selbst krank denken oder Sie können sich gesund denken. Wenn jemand zu Ihnen sagt: „Ich bin ganz krank vor Sorgen“, oder: „Ich bin krank vor Wut“, oder: „Du machst mich krank“, ist das eine sehr zutreffende Aussage, denn solche negativen Gedanken und Gefühle machen tatsächlich krank. Aber zum Glück können wir alle uns auch wieder gesund denken.

Der Arzt Joseph Krimsky schrieb: „Das stärkste Bollwerk gegen eindringende Krankheitserreger sind unsere inneren Abwehrkräfte, die uns vor den feindlichen Horden von Keimen und Viren schützen. Die moderne Bezeichnung für diese komplexen inneren Kräfte lautet ‚psychosomatisch' – dabei bezieht ‚psycho' sich auf den Geist und ‚soma' auf den Körper. Damit ist gemeint, dass Körper und Geist eine Einheit bilden und zueinander in Beziehung stehen.“

„Es konnte nachgewiesen werden“, fährt Dr. Krimsky fort, „dass emotionale Belastungen zu chronischer Depression und Müdigkeit führen, was die körperliche Widerstandskraft gegen Infektionen und andere Krankheiten schwächt. Lange Phasen von Angst und Sorge, unkontrollierte Leidenschaften und Temperamentsausbrüche sowie der Druck und die Hektik des modernen Lebens rufen degenerative Veränderungen an Herz, Nieren, Leber und anderen lebenswichtigen Organen hervor, verursachen Bluthochdruck und Arteriosklerose. Hass und Furcht können den Körper genauso vergiften wie toxische Chemikalien."

Es gibt drei wichtige Schritte, die Sie tun können, um Ihre Gesundheit zu verbessern. Wenn Sie diese Übungen täglich gewissenhaft ausführen, werden Sie schon nach einer Woche deutliche Veränderungen bemerken. So wichtig Sport und andere äußere Gesundheitsmaßnahmen sind – diese drei Schritte können sich als das Wichtigste erweisen, was Sie je für Ihre Gesundheit getan haben. Selbstverständlich lassen sie sich mit dem täglichen Sport kombinieren, so dass Sie Ihre Trainingszeiten nutzen können, um zugleich Ihren Geist umzuprogrammieren. So stimmen Sie sich auf positive Gedanken ein, die Ihnen zu guter Gesundheit verhelfen.

Schritt Eins:
Übernehmen Sie die Kontrolle über Ihre Gefühle. Widmen Sie morgens gleich nach dem Aufwachen ein paar Minuten Ihrem Körper. Wenn Sie sich noch müde fühlen, Schmerzen haben und sich am liebsten wieder unter der Bettdecke verkriechen möchten, stehen Sie stattdessen auf und denken Sie über den bevorstehenden Tag nach. Finden Sie positive Aspekte in allem, was Sie an diesem Tag

tun müssen. Wenn Sie den Aufgaben dieses Tages wirklich gar nichts Gutes abgewinnen können, denken Sie daran, dass sie am Abend hinter Ihnen liegen werden, und konzentrieren Sie sich darauf. Ehe Sie zu Tabletten und Pillen greifen, um sich besser zu fühlen, bedenken Sie, dass Tabletten nicht so wirkungsvoll sind wie heilende Gedanken, die Sie Ihrem Geist zuführen.

Schritt Zwei:
Sie werden auf dem Weg zu einer guten Gesundheit enorme Fortschritte machen, wenn Sie Hass und Wut durch andere, positive Gefühle ersetzen. Beobachten Sie einmal, wie oft am Tag Sie sagen: „Ich kann dieses oder jenes nicht ausstehen, finde es zum Kotzen, widerlich, hasse es, usw." „Dies oder das macht mich fuchsteufelswild, wütend, bringt mich auf die Palme, usw." Besonders anschaulich wird es, wenn Sie jedes Mal ein Kreuz auf eine kleine Karte machen, die Sie den ganzen Tag bei sich tragen. Damit meine ich nicht nur jene Momente, wenn Sie sich über andere Leute ärgern oder sie unausstehlich finden, sondern auch: „Ich kann Brokkoli nicht ausstehen", oder: „Was für ein scheußliches Wetter!", oder: „Ich finde es grässlich, schon wieder umziehen zu müssen."

Machen Sie ein Kreuzchen immer dann, wenn Ihnen auffällt, dass Sie auf irgendetwas mit Missfallen und Ablehnung reagieren. Wenn Sie sagen, dass die Außenpolitik der Regierung „idiotisch" ist oder dass Ihre Kinder oder das Gebell des Hundes Ihres Nachbarn „Sie noch um den Verstand bringt", machen Sie ein Kreuz auf Ihre Karte. Und wenn Sie wütend werden, weil ein anderer Autofahrer Ihnen die Vorfahrt nimmt, bekommt auch diese Reaktion ein Kreuzchen. Zählen Sie dann am Ende des Tages die Kreuzchen. Vermutlich werden Sie überrascht sein, wie oft Sie sich während des Tages solchen negativen Gefühle hingegeben haben. Wut und Hass sind derartig verbreitet, dass wir Sie artikulieren, ohne noch groß darüber nachzudenken. Und was ist die Folge? Unterbewusst beeinträchtigen Sie unser körperliches Wohlbefinden. Sie halten uns davon ab, unser Potential wirklich voll zu entfalten und zu nutzen.

Wenn Sie Ihr Denken ändern möchten, müssen Sie sich zunächst darüber klar werden, was Sie während des Tages immer wieder sagen. Statt „Ich hasse Grün!“ können Sie zum Beispiel sagen: „Grün ist nicht meine Lieblingsfarbe.“ Warum sagen Sie nicht: „Schade, dass ich den Schlussverkauf verpasst habe“, statt: „Ich bin so verdammt wütend, weil ich den Schlussverkauf verpasst habe!“ Reinigen Sie Ihren Geist von negativen Emotionen. Sofort werden Sie spüren, wie ein neuer Frieden Sie erfüllt – ein innerer Frieden, der für ein gesünderes, angenehmeres „Betriebsklima“ in Körper und Geist sorgen wird.

Schritt Drei:

Vergeben Sie den Menschen, die Ihnen früher einmal Schmerz zugefügt haben, und lassen Sie Groll und Verbitterung hinter sich. Solche kranken Geisteshaltungen werden sonst Ihr Denken vergiften. Kranke Gedanken machen auch den Körper krank, denn Ihr Körper spiegelt immer Ihre geistige Verfassung wider. Wenn Sie sich an Groll und alte seelische Verletzungen klammern, fügen Sie sich damit jeden Tag aufs Neue Schmerzen zu. Wir alle kennen Menschen, deren Denken unablässig um alten

Kummer kreist. Jahr um Jahr vergeht, und noch immer kauen sie an längst vergangenen Dingen herum wie ein Hund an einem alten Knochen nagt.

Machen Sie dem Leiden an alten Wunden ein Ende und werfen Sie die schlechten Erinnerungen aus Ihrem Bewusstsein hinaus. Löschen Sie das alles aus und wagen Sie einen Neuanfang. Hier ist eine Übung, die auf den Visualisierungs- und Imaginations-Fähigkeiten beruht, die Sie bereits erlernt haben. Ziehen Sie sich an einen Ort zurück, wo Sie für eine Weile ungestört sind. Gut geeignet dafür ist die Zeit kurz vor dem Schlafengehen. Stellen Sie sich die alten Schmerzen vor, alles, was andere Leute Ihnen in der Vergangenheit angetan haben. Formen Sie nun in Ihrer Imagination aus jeder dieser schmerzlichen Erfahrungen eine Kugel und legen Sie diese Kugeln in einer Reihe hintereinander an den oberen Rand einer tiefen Felsenklippe. Das untere Ende der Felsen liegt so weit in der Tiefe, dass Sie es von oben nicht sehen können.

Geben Sie jetzt der letzten Kugel in der Reihe einen Stoß und sehen Sie zu, wie alle Kugeln nacheinander über die Felskante rollen, in die Tiefe stürzen und so aus Ihrem Leben verschwinden. Wenn sie alle verschwunden sind, können Sie ein völlig neues Leben beginnen. Niemand kann Sie aufhalten. Ihr Geist wird klar sein, Energie und Vitalität werden Sie erfüllen, als sei eine enorme Last von Ihren Schultern gefallen. Alle Schmerzen und Leiden sind dann vergessen.

Das ist eine wundervolle Übung, und ich kann Ihnen aus eigener Erfahrung versichern, dass sie funktioniert! Es gab einen Arzt, ich glaube, in Wien, der seinen Patienten

Wort-Therapie verordnete. Wenn man sich angespannt fühlte, sollte man bestimmte Worte laut oder in Gedanken vor sich hin sagen – etwa *Seelenruhe*, ein wunderschönes Wort, *Gelassenheit* oder *Gleichmut*.

Man kann diese Worte auch in eine poetische Form kleiden, wie zum Beispiel in diesem Gedicht von Robert W. Service:

> Ich stand in einem schönen Tal
> voll duftender Blumen ohne Zahl.
> Es leuchtete glühend die Abendsonne,
> mein Atem war tiefe, selige Wonne.
> Bald lag das Land silbern im Mondenschein,
> unter den Sternen fühlt' ich mich nicht allein.
> Völlig verzaubert erschien mir die Welt
> und friedliche Träume waren mein Zelt.

Wenn Sie jeden Tag auf solche Weise mit sich sprechen, werden Sie sich entspannen und innerlich ruhig werden.

9. Kapitel

Aus Erfahrungen lernen

Jemand, der bereit ist, aus Erfahrungen zu lernen, ist das, was ich einen „Philosophen des Neuanfangs" nenne. Ein solcher Mensch findet die wunderbaren Antworten, die in jedem Problem, jedem Missgeschick verborgen liegen. Niemals identifiziert er sich mit seinen Misserfolgen. Wenn Sie erfolgreich werden wollen, dürfen Sie eines niemals tun: sich gedanklich auf Ihre Misserfolge und Niederlagen fixieren. Reden Sie nie darüber. Denken Sie nie daran. Ignorieren Sie Fehlschläge ganz einfach. Gehen Sie weiter, neuen Herausforderungen entgegen. Finden Sie sich niemals mit Misserfolgen ab. In der Bibel lesen wir, im Brief des Paulus an die Philipper, folgende große Weisheit: „Ich vergesse, was dahinten ist, und strecke mich nach dem, das da vorne ist, und jage nach dem vorgesteckten Ziel." Sehen Sie? Kehren Sie Ihren früheren Misserfolgen den Rücken zu. Schauen Sie nach vorn.

Den Brief, aus dem ich nachfolgend einige Passagen zitieren werde, erhielt ich von einem Mann, der in einem kalifornischen Gefängnis einsitzt. Er schrieb mir: „Ich bin noch recht jung, aber den größten Teil meines bisherigen Lebens habe ich in verschiedenen Besserungsanstalten und Gefängnissen zugebracht. Ich bin siebenunddreißig Jahre alt, und von den letzten einundzwanzig Jahren habe ich insgesamt achtzehn hinter Gittern verlebt. Derzeit sitze ich zum fünften Mal im Staatsgefängnis ein. Kurz bevor ich meine jetzige Haftstrafe antrat, wurden mir die Augen geöffnet. Ich erkannte, worauf es im Leben wirklich ankommt. Am 14. Mai vorigen Jahres habe ich mein Leben völlig in Gottes Hände gelegt. Ich habe begonnen, mit Gott zu denken, mich von ihm führen zu lassen. Seither weiß ich, dass ich endlich auf dem rechten Weg bin. Das Gefühl, das ich damals hatte – die tiefe Gewissheit, dass Gott an meiner Seite ist und für mich sorgt –, hat mich seither nie wieder verlassen. Mein ganzes Denken hat sich vollkommen verändert – und dadurch habe auch ich mich verändert. Gelobet sei der Herr! Natürlich befinde ich mich noch immer in diesem von Menschen geschaffenen Gefängnis. Aber ich sitze nicht länger in dem seelischen Gefängnis, das ich mir durch mein ungesundes Denken geschaffen hatte. Durch Gottes Liebe konnte ich mich aus meinem selbsterzeugten inneren Gefängnis befreien. Ich werde nie wieder dorthin zurückkehren. Und wenn ich meine Haftstrafe verbüßt habe, werde ich auch in kein Staatsgefängnis mehr zurückkehren, denn nun, da ich zu Gott gefunden habe, werde ich niemals wieder straffällig."

Wenn Sie glauben, es im Leben nicht leicht zu haben, sollten Sie sich die Situation dieses Mannes vergegenwärtigen, der von einundzwanzig Lebensjahren achtzehn im Gefängnis verbracht hat! Da kann man wohl wirklich von Misserfolg auf der ganzen Linie sprechen! Und doch hat er zu Gott gefunden. Er hat sein Denken geändert, und dadurch hat sich sein Leben von Grund auf geändert. Wenn das in einem scheinbar so aussichtslosen Fall wie diesem möglich ist, wird es gewiss auch bei den weniger schweren Fällen möglich sein, zu denen Sie vielleicht gehören.

Vor einigen Jahren bat man mich, eine Rede vor dem Verband der Wäschereibesitzer von New Jersey zu halten. Auf der Jahresversammlung waren über zweitausend Wäschereibesitzer anwesend. Und auf der Fahrt dorthin setzte sich ein Mann zu mir ins Zugabteil. Wir kamen ins Gespräch, und ich fragte ihn nach seinem Beruf. Er antwortete: „Ich bin Humorist." „Oh", sagte ich, „tatsächlich? Sie meinen, Sie sind jemand, der von Berufs wegen komisch sein muss?" „So ist es." Er zeigte mir eine Mappe mit seinem Foto. Darauf stand, er sei der lustigste Mann der Welt. „Dann müssen Sie ja ein paar wirklich gute Witze drauf haben", sagte ich. Er sagte: „Es ist nicht immer nur der Witz an sich. Es kommt auch darauf an, wie man ihn bringt. Da muss man einfach den Bogen raus haben. Und man braucht ein Gespür für das richtige Timing." Er hielt mir einen kleinen Vortrag darüber, wie man Witze so erzählt, dass sie wirklich zünden.

Und ich sagte: „Haben Sie denn heute Abend ein Engagement?" Er antwortete: „Ja, ich bin der Hauptredner auf der Jahrestagung der Wäschereibesitzer." Ich erwiderte: „Na, das ist ja merkwürdig. Ich soll nämlich auch dort sprechen, und man hat mir ebenfalls gesagt, ich wäre der Hauptredner. Ich hoffe, dass man mich vor Ihnen sprechen lässt, denn Sie sind wirklich gut – ich würde nicht gerne nach Ihnen reden müssen." „Machen Sie sich deswegen keine Sorgen", riet er mir. „Seien Sie einfach Sie selbst und halten Sie Ihre Rede."

Als wir bei der Tagung eintrafen, stellte sich heraus, dass er tatsächlich als Erster reden würde, was mir gar nicht gefiel. Er wurde mit überschwänglichen Worten angekündigt. Der Tagungsleiter sagte: „Gleich werden Sie lachen, wie Sie noch nie im Leben gelacht haben. Halten Sie sich gut fest, denn nun werden Sie dem lustigsten Menschen lauschen, der jemals das Licht der Welt erblickt hat.“ Ich dachte mir: Das ist zu dick aufgetragen. Ein Ansager kann bewirken, dass ein Publikum den angekündigten Redner nicht mag, einfach indem er ihn zu sehr in den Himmel lobt. Der lustigste Mann der Welt stand also auf – er saß gleich neben mir auf dem Podium – und erzählte einen Witz, was mit ziemlich ordentlichem Gelächter quittiert wurde. Beim zweiten Witz war das Gelächter schon spürbar schwächer. Als er den dritten Witz erzählt hatte, erntete er nur noch ein müdes Gekicher. Beim vierten Witz schließlich reagierte das Publikum mit teils gelangweilten, teils genervten Blicken. „Diese Leute sind wirklich ein harter Brocken“, zischte er mir zu. Ich sagte: „Halten Sie durch, Junge, nicht aufgeben!“ Schließlich hatte er es geschafft und setzte sich wieder hin. Er wischte sich den Schweiß von der Stirn und stöhnte: „Junge, Junge, so ein schwieriges Publikum hatte ich noch nie!“ Ich sagte: „Das scheint mir auch so. Ich werde jedenfalls keinen einzigen Witz erzählen, sondern eine bierernste Ansprache halten.“ Also stand ich auf und hielt eine ernste, nachdenkliche Rede. Und wissen Sie, was passierte? Diese Leute lachten die ganze Zeit!

Auf dem Rückweg zum Bahnhof sagte der Humorist zu mir: „Haben Sie morgen Abend schon ein Engagement?“ „Ja“, sagte ich, „und Sie?“ Er antwortete: „Ja, und falls nicht, würde ich alles daran setzen, unbedingt noch eines zu bekommen. Wir haben beide heute eine Schlappe erlebt, aber man darf sich mit solchen Misserfolgen niemals abfinden. Man muss weitermachen und fest daran glauben, dass der nächste Auftritt besser wird als der vorherige. Lernen Sie aus Ihren Fehlern und geben Sie niemals klein bei.“ Dieser Mann hat absolut Recht: Verweilen Sie gedanklich niemals bei Misserfolgen. Schauen Sie nach vorn. Lernen Sie, machen Sie weiter. Seien Sie jederzeit bereit und offen für Neuanfänge.

Mut zum Neuanfang – lassen Sie mich Ihnen die Geschichte von Mary Crowley erzählen. Mary kam 1915 in Missouri zur Welt. Ihre Mutter starb, und sie musste bei ihrem Vater leben. Er heiratete eine andere Frau, die ein sehr schlechter Mensch war. Sie behandelte Mary und ihre Geschwister so abscheulich, dass die Nachbarn einen Gerichtsbeschluss erwirkten, wonach ihr die Kinder weggenommen und in einem Heim untergebracht wurden. Kein Geld. Keine Erziehung. Keine Chancen. Nichts war Mary geblieben – außer dem Glauben an sich selbst, an Gott, Jesus und die Menschen. Sie sagt, dass sie morgens, mittags und abends nur Getreideflocken aßen. Dann schenkte ihnen jemand Bohnen, und sie aßen Bohnen.

Wissen Sie, Amerika ist ein großartiges Land. Einige der wunderbarsten Menschen, die dieses Land hervorgebracht hat, kamen aus einfachsten Verhältnissen. Armut und andere Härten und Schwierigkeiten sind es, die Menschen groß machen. Schwierigkeiten sind überhaupt nichts Schlechtes. Sie sind unangenehm, aber sie spornen uns an, Großes zu leisten.

Nach langen, harten Zeiten gelang es Mary schließlich, ein eigenes Geschäft zu gründen und wirtschaftlich auf die Beine zu kommen. Heute ist dieses Unternehmen in ganz Amerika bekannt. Es heißt Home Interiors, und über

23 000 Frauen vertreiben die Produkte als selbstständige Sub-Unternehmerinnen. Im letzten Jahr machte Mary über hundert Millionen Dollar Umsatz. Ihr Sohn sagt, dass Mary auch schon in Zeiten bitterster Armut, wenn sie kaum genug zu essen hatten, von zehn verdienten Dollar einen beiseite legte. Dieser Dollar war für Gott. Sie gaben Gott also immer den Zehnten, auch wenn das hieß, dass sie an einem Tag der Woche nichts zu essen hatten. Bis heute geben sie bei Home Interiors den Zehnten und leisten Großartiges im wohltätigen Bereich – und gewiss ist das einer der Gründe für den enormen Erfolg dieses Unternehmens.

In ihrem Buch schreibt Mary Crowley, dass es auf uns selbst ankommt, darauf, dass wir aktiv werden und das scheinbar Unmögliche möglich machen. Niemand anderes kann Ihre Träume für Sie verwirklichen. Das müssen Sie schon selbst tun. Schauen Sie mutig nach vorn und streben Sie nach dem Besten, denn Gott will das Beste für Sie.

10. Kapitel

Die Kraft der Vergebung

Es gibt ein Zitat von Rudyard Kipling, in dem er auf interessante Weise einen Bezug zu Gott herstellt. Er spricht von Gott dem „Gott der fairen Neuanfänge“. Damit bringt Kipling eine der größten Wahrheiten des menschlichen Daseins zum Ausdruck. Gott schreibt uns wegen unserer Fehler und Irrtümer nicht ab. Und warum? Weil er fair ist. Gott sagt: Ganz egal, wie viele Fehler du gemacht hast, ganz egal, was du angerichtet hast, ganz egal, was für Probleme du dir eingebrockt hast, du kannst jederzeit neu anfangen. Gott vergibt und vergisst. Das alles ist Beweis für die Größe Gottes. Er nimmt uns nichts übel. Der Mensch ist anders. Er vergisst nicht. Er vergibt nicht. Aber Gott sei Dank stehen wir unter der Herrschaft Gottes und nicht des Menschen.

In der medizinischen Forschung ist der Zusammenhang zwischen Krankheiten und der Weigerung, sich selbst oder anderen zu vergeben, gut belegt. In New York gibt es einen Facharzt für Krebserkrankungen, der bei jedem neuen Patienten zuerst versucht, so viel wie möglich über dessen persönlichen und familiären Hintergrund in Erfahrung zu bringen, über sein Verhältnis zu Verwandten, Freunden und Berufskollegen. Dieser Arzt ist überzeugt, dass die emotionalen Faktoren im Leben eines Menschen bei der Entstehung von Krebs eine enorme

Rolle spielen. Wenn es ihm gelingt, bei einem Patienten eine gestörte, krankhafte zwischenmenschliche Beziehung zu erkennen, kann er das emotionale Klima besser verstehen, das den Ausbruch der Krankheit begünstigte.

Dieser Arzt geht sogar so weit, dass er alle Familienmitglieder des Krebskranken zu einer Therapiesitzung versammelt, die er „Die Stunde der Vergebung“ nennt. Bei diesem Treffen werden alle Anwesenden gebeten, offen und ehrlich über ihren Schmerz und Groll zu sprechen, den sie gegenüber dem Patienten und untereinander hegen.

Dabei kommen oft erstaunliche Dinge ans Licht. Alte seelische Verletzungen können endlich geheilt werden, weil man gemeinsam erkennt, dass sie lediglich auf Missverständnissen beruhten. Wenn alle ihre „Schmerz-Karten“ auf den Tisch gelegt haben, ist es Zeit, einander zu vergeben. Alle Familienmitglieder werden aufgefordert, sich gegenseitig alle Verletzungen zu verzeihen, damit die Wut und Verbitterung neutralisiert wird und die Heilung beginnen kann.

Nach einer gewissen Zeit ruft der Arzt die Familie erneut zusammen. Diese Sitzung heißt dann „Die Stunde der Liebe“. Dabei bringen alle die Zuneigung und Fürsorge zum Ausdruck, die sie füreinander empfinden. Erst Vergebung, dann Liebe – so entsteht eine Atmosphäre, die für die Heilung des Kranken besonders förderlich ist.

Die Kraft der Vergebung gehört zu den wirkungsvollsten Prinzipien des positiven Denkens. Ein berühmter Psychiater hat einmal gesagt: „Die Lehren Christi sind die beste

Therapie, die es gibt." Als ich dieses Zitat eines Tages in einer Predigt in Detroit benutzte, kam anschließend ein örtlicher Geistlicher zu mir und erzählte mir die Geschichte einer Frau aus seiner Gemeinde, die eine körperliche Heilung erlebte, als sie lernte, zu vergeben.

Diese Frau, Mary, besuchte seine wöchentlichen Heilungsgottesdienste, weil sie seit einiger Zeit Schmerzen im Bein hatte und deshalb stark hinkte. Sie erzählte dem Pfarrer, dass ihr Hausarzt keine organische Ursache für das Hinken hatte finden können. Der Geistliche, der neugierig geworden war, was wohl hinter diesem Symptom stecken mochte, fand heraus, dass die Frau kurz vor der einige Monate zurückliegenden Hochzeit ihrer Tochter Jennifer zu hinken begonnen hatte. Es stellte sich heraus, dass diese sehr gläubige christliche Frau von einem tiefen Hass gegen ihren Schwiegersohn besessen war, der ihr, wie sie sagte, die Tochter weggenommen hatte.

Die Tochter war ihr einziges Kind. Ihr Mann und ihre Eltern lebten nicht mehr. Sie sagte, dass ihre Tochter alles sei, „was mir geblieben ist". Daher war sie bei jedem jungen Mann, mit dem sich ihre Tochter verabredete, wachsam gewesen und hatte jede sich anbahnende Romanze im Keim erstickt. Doch bei dieser war ihr das nicht gelungen, und prompt war es zur Heirat gekommen.

Die Tochter zog zu ihrem Mann in eine andere Stadt und ließ die Mutter allein und verbittert zurück. Die Mutter ging weiterhin regelmäßig in die Kirche und schien, in jeder anderen Hinsicht, eine mustergültige Christin zu sein. Schließlich sagte der Geistliche zu ihr: „Mary, es ist meine Pflicht als Ihr Pfarrer, Ihnen ins Gewissen zu reden. Ich habe mir die Freiheit genommen, mit Ihrem Arzt zu sprechen und ihn gefragt, ob Ihre körperlichen Beschwerden in Zusammenhang mit Ihrem Hass stehen. Er hat mir geantwortet: ‚Natürlich, das ist sehr gut möglich.'" Da brach die Frau weinend zusammen und sagte: „Gott erhört meine Gebete nicht. Er hat mich im Stich gelassen, so wie Jennifer mich im Stich gelassen hat."

„Nein", sagte der Geistliche mitfühlend. „Kann es nicht sein, dass vielmehr Sie Gott im Stich gelassen haben? Bedenken Sie, was im Markus-Evangelium steht, Vers 11,25: *„Und wenn ihr steht und betet, so vergebt, wenn ihr etwas zu vergeben habt, damit auch euer Vater im Himmel euch vergebe eure Übertretungen."*. Gott möchte Sie heilen. Wenden Sie sich an ihn, den grossen Heiler, und vergeben Sie, vergeben Sie wirklich."

Sie folgte seinem Rat. Sie fuhr unangemeldet nach Grand Rapids, wo Jennifer nun mit ihrem Mann wohnte, und klingelte an der Tür. Der junge Ehemann öffnete. Mary sagte demütig zu ihm: „Bill, hier ist deine arme, sündige Schwiegermutter und bittet dich um Verzeihung." Er umarmte sie. „Komm herein, Mutter, ich liebe dich."

Beim nächsten Heilungsgottesdienst erschien Mary, wie der Pfarrer mir berichtete, ohne jedes Hinken und vollkommen gesund. So bestätigte sich wieder einmal, dass die Worte Jesu die beste Therapie der Welt sind.

Und wie schaffen Sie es nun, zu einem Menschen zu werden, der vergibt und verzeiht und alle Verbitterung hinter sich lässt? Ich möchte Ihnen sechs konkrete Schritte vorstellen, die es Ihnen ermöglichen, die Kraft der Vergebung in Ihr Leben strömen zu lassen.

Schritt Eins:

Widerstehen Sie der Versuchung, sich selbst oder andere Menschen zu verurteilen. Kein Mensch kennt alle Umstände, die zu einer bestimmten Situation beigetragen haben. Überlassen Sie das Verurteilen und Vergelten Gott. In der Bibel heißt es: „Mein ist die Rache, sagt der Herr." Wenn es Gottes Sache ist, sich um die Vergeltung zu kümmern, besteht Ihre Aufgabe darin, sich in Toleranz zu üben.

Schritt Zwei:

Lernen Sie, mitfühlend zu sein. Das gelingt Ihnen am besten, wenn Sie sich Ihrer Imagination bedienen. Versuchen Sie, sich in andere Menschen hineinzuversetzen. Fragen Sie sich, ob die Schuld wirklich ausschließlich bei den anderen liegt – oder ob nicht auch Sie eine Mitverantwortung tragen. Überlegen Sie, wie Sie sich in der gleichen Lage verhalten hätten.

Schritt Drei:

Setzen Sie die kreative positive Visualisierung ein: Stellen Sie sich möglichst lebhaft und intensiv vor, wie Ihre belasteten, beschädigten zwischenmenschlichen Beziehungen geheilt werden. Stellen Sie sich vor, wie Ihr Leben aussehen wird, wenn Sie sich von den Giften der Verbitterung und des Zorns befreit haben. Stellen Sie sich voller Hoffnung vor, was Sie mit der neuen Energie, die Ihre emotionale Heilung Ihnen verleihen wird, alles Positives bewirken können.

Schritt Vier:

Beten Sie für die Person, von der Sie sich gekränkt oder verletzt fühlen. Wenn Sie anderen Gutes wünschen, kehrt dieses Gute tausendfach zu Ihnen zurück. So werden Sie feststellen, dass Sie selbst vom Akt der Vergebung noch mehr profitieren als der Mensch, dem Sie verzeihen.

Schritt Fünf:

Üben Sie sich immer wieder darin, Groll, Eifersucht, Hass und böswillige Gedanken aller Art aus Ihrem Geist zu verbannen. Ersetzen Sie diese durch glückliche, inspirierende Gedanken, die Ihnen helfen, die Dinge in einem positiven Licht zu sehen. Es ist, als ob Sie Unkraut jäten und stattdessen Blumen pflanzen. So wird aus einem unerfreulichen Dickicht ein schöner Garten.

Schritt Sechs:

Lernen Sie zu akzeptieren, dass Sie selbst ebenso wie Ihre Mitmenschen unvollkommen sind. Wenn andere sich Ihnen gegenüber unfreundlich benehmen, betrachten Sie das als Unausgewogenheit und Schwäche in deren Wesen – statt sich persönlich angegriffen zu fühlen. Machen Sie sich bewusst, dass jeder Mensch auf Erden seine Schwächen hat und von Zeit zu Zeit der Vergebung bedarf. Geben Sie – damit Sie eines Tages empfangen können. Beten Sie jeden Abend das Vaterunser, besonders die Zeilen: „Und vergib uns unsere Schuld wie wir vergeben unseren Schuldigern." Vergeben und vergessen Sie, was Ihnen in der Vergangenheit an Ungerechtigkeiten widerfahren ist, und beginnen Sie den neuen Tag reinen Herzens.

Wie geht denn nun dieses Vergeben und Vergessen? Wie schaffen wir es, an jedem Morgen neu zu beginnen und die Vergangenheit hinter uns zu lassen? Schauen Sie nach vorn. Unser geistiger Apparat ist nicht dafür gemacht, die Last des Gestern mit sich herumzuschleppen. Wir können die Vergangenheit nicht ändern, aber eines steht fest: Sie ist vorbei und kehrt nicht wieder!

Hat gestern jemand etwas zu Ihnen gesagt, das Ihnen missfiel? Ist Ihnen gestern ein Missgeschick passiert? Oder haben Sie gar etwas Böses getan? Falls ja, dann ist heute dennoch ein neuer Tag. Wir nennen das Gestern Vergangenheit, weil es vergangen ist. Aus und vorbei.

Das Beste, was Sie für ein glückliches Leben tun können, ist es, das Gestern hinter sich zu lassen, sich von Ihrer Vergangenheit zu lösen. Bringen Sie Ihr Gedächtnis unter Ihre Kontrolle. Lernen Sie aus Ihrer Vergangenheit, aber lassen Sie sich niemals von ihr beherrschen.

11. Kapitel

Du kannst es, wenn du glaubst, dass du es kannst

Es gibt zwei dynamische Worte, die Ihr Leben verändern können. Sie sind so effektiv und energiereich, dass wir sie mit riesigen Lettern in den Himmel unseres Lebens schreiben sollten, so wie Flugzeuge Rauchzeichen in den Himmel malen. Verankern Sie diese beiden Worte ganz tief in Ihrem Bewusstsein. Wenn Sie Ihr Leben auf diese beiden Worten aufbauen, wird Ihnen das Erfolg und Erfüllung bescheren. Ich kann gar nicht genug betonen, wie viel Macht in diesen Worten liegt, die da lauten: *Hoffnung* und *Erwartung*.

Besteht denn überhaupt Grund zur Hoffnung? Ja, denn Gottes Schöpfung ist voller Wunder. Tag für Tag geschehen hundert kleine Wunder – und ein paar richtig große, die in die Geschichte eingehen. Wunder werden immer dann vollbracht, wenn Menschen glauben. Wenn Sie an sich selbst, an Ihre Mitmenschen, an Ihre Möglichkeiten und an Ihren Schöpfer glauben, dann besteht jeder Grund zur Hoffnung.

Vor einigen Jahren hielt ich eine Ansprache vor über zweitausend Studenten des Naval Air College in Pensacola, Florida. Ich glaube, ich habe noch nie vor einem aufregenderen Publikum gesprochen als vor diesen zweitausend sorgfältig ausgewählten jungen Amerikanern. Die Atmosphäre war überaus lebendig.

Anschließend musste ich nach New York zurück, und man stellte mir ein Privatflugzeug zur Verfügung, geflogen von einem Captain des Air Service. Es handelte sich um die Privatmaschine eines Admirals. Man rollte mir also wirklich einen roten Teppich aus – und ich bekam ein klein wenig von meinen Steuerdollars zurück.

Noch nie zuvor war ich einziger Passagier in einem Flugzeug gewesen. Ich saß neben dem Piloten und verbrachte eine herrliche Zeit. Als wir in Pensacola starteten, strahlte der Himmel in wolkenlosem Blau. Das Schicksal schien es gut mit uns zu meinen. Mein Pilot, dieser erfahrene Berufsflieger, erwies sich als sehr angenehmer Gesprächspartner. Man kann sagen, dass wir während des Fluges gute Freund wurde. Er erzählte mir viele interessante Dinge über die Fliegerei, aber als wir uns schließlich New York näherten, sagte er: „Vor uns befindet sich ein Schlechtwettergebiet mit tief liegenden Wolken. Wir werden eine Instrumentenlandung machen müssen."

„Nun", sagte ich, „warum landen wir nicht in Philadelphia? Das wäre okay für mich. Ich mag Philadelphia." Doch er entgegnete: „Sie wollen aber doch nach New York, oder nicht?" „Nun ja, da haben Sie natürlich Recht." Er sagte. „Gut. Dann werden wir jetzt positives Denken praktizieren und in New York landen."

Etwas Zeit verging. Inzwischen flogen wir über einer dichten Wolkendecke. „Nun ist es Zeit für den Landeanflug", sagte er. „Wir werden jetzt in die Wolken eintauchen." So genau hatte ich das alles noch nie verfolgt. Es kam mir fast so vor, als ob ich selbst am Steuer der Maschine saß. Draußen war überhaupt nichts zu sehen. Die dichten Wolken schienen kein Ende zu nehmen. „Wie dick ist denn diese Wolkendecke bloß?", fragte ich mich, zunehmend nervös. Dann plötzlich tauchten unter uns eine Wasserfläche und ein Sandstrand auf. Es kam mir vor, als ob wir uns nur dreißig Meter über dem Boden befanden, aber ich nehme an, meine Nerven spielten mir einen Streich und in Wahrheit waren wir noch zwei- oder dreihundert Meter hoch. Dann sah ich die Landebahn. Sie war wegen des schlechten Wetters beleuchtet – ein wunderbarer Anblick. Mein Pilot setzte die Maschine sanft und perfekt auf. Als wir zum Terminal rollten, sagte ich zu ihm: „Captain, das war eine wunderbare Landung. Man merkt, dass Sie ein sehr erfahrener Pilot sind."

„Nun", sagte er, „ich gebe zu, dass ich diesen Beruf schon ziemlich lange ausübe. Da ist es ganz normal, dass man mit der Zeit eine gewisse Professionalität entwickelt." Er schwieg einen Moment, dann fuhr er fort: „Wenn das eine gute Landung war, ist das aber nicht in erster Linie auf meine Fähigkeiten als Pilot zurückzuführen, sondern vor allem auf den Glauben."

Ich fragte: „Sie verlassen sich beim Fliegen auf den Glauben?" „Allerdings", antwortete er. „Sehen Sie, da sind die Instrumente auf dem Instrumentenbrett. Ich habe absoluten Glauben in diese Instrumente. Und wenn ich in den Wolken navigieren muss, ohne Bodensicht, bleibt mir gar nichts anderes übrig, als an das zu glauben, was die Instrumente mir sagen. Sie sind sorgfältig entwickelt und getestet worden. Ich habe sie schon oft benutzt. Ich weiß, wie sie funktionieren und was sie können. Ich weiß, dass sie zuverlässig sind und regelmäßig von unseren Flugzeugmechanikern überprüft werden. Ich glaube diesen Instrumenten. Würde ich an ihnen zweifeln, könnte ich vielleicht denken: Wer weiß, ob dieses Instrument da genau die richtigen Werte anzeigt, ich ändere lieber ein wenig die Höhe oder die Fluglage. So ein eigenmächtiges Handeln könnte tragische Folgen haben. Darum vertraue ich auf meine Instrumente, und dieser Glaube hat uns durch die geschlossene Wolkendecke sicher herunter auf die Erde gebracht."

Als Sie damals zum Flug durch Ihr Leben starteten, wurde Ihnen von Ihren Eltern, von Lehrern und anderen Vertrauenspersonen gezeigt, wie Sie die Instrumente, die Ihnen mitgegeben wurden, richtig einsetzen müssen, um erfolgreich durch die langen Jahre des irdischen Daseins zu reisen. Und wenn Sie in dichte Wolken und Turbulenzen geraten und dann den Glauben an Ihre Instrumente verlieren, können Sie vom Kurs abkommen.

Wenn Sie aber an die Instrumente der Bibel glauben – an die Kraft des Gebets, an die Kirche, an Güte, Liebe und Hoffnung, an Gott und an Jesus – dann werden Sie alle Unwetter heil überstehen und Ihr Ziel erreichen.

Einmal fuhr ich in New York mit dem Linienbus über die Fifth Avenue. Neben mir saß ein gut gekleideter Herr. Er stellte sich vor und sagte, er wüsste wer ich sei. „Ich verdanke Ihnen viel", sagte er. „Sie hatten einen sehr positiven Einfluss auf mein Leben, Dr. Peale." Er erzählte mir, dass er als Jugendlicher im Ghetto eine Geschichte hörte, die ich in einer meiner Predigten erzählt hatte. „Diese Geschichte hat mein ganzes Leben verwandelt und mich zu dem erfolgreichen Geschäftsmann werden lassen, der ich heute bin“, sagte er.

In jener Predigt hatte ich folgende Geschichte erzählt: Auf einem Jahrmarkt verkaufte ein Mann Ballons – rote, gelbe, rosafarbene und schwarze. Am Ende des Tages waren fast alle Ballons verkauft, nur noch einige wenige blieben übrig. Eine Schar Kinder umringte ihn mit großen Augen, und er muss ein sehr gütiger Mensch gewesen sein, denn er sagte: „Kommt her, Kinder! Ich schenke jedem von euch einen Ballon. Welchen möchtet ihr gerne?“ Sie nahmen die roten, die rosafarbenen und die gelben.

Und da stand auch ein kleiner schwarzer Junge ohne einen Cent in der Tasche. Nur noch ein einziger Ballon war übrig, ein schwarzer. Und der Mann sagte zu ihm: „Komm, Kleiner, das hier ist dein Ballon. Und mache dir keine Gedanken wegen seiner Farbe. Fühle dich deswegen nicht minderwertig. Denn dieser Ballon hat das gleiche Potential wie die roten und gelben. Er kann genauso hoch hinauf in den Himmel schweben. Nimm also deinen Ballon und denke immer daran, dass du damit so hoch hinauf gelangen kannst wie alle anderen.“

Also folgte der kleine Junge den anderen Kindern hinüber zu einer großen Wiese. Und voller Freude sah er, dass sein schwarzer Ballon auf einer Höhe mit den roten und gelben Ballons im Wind tanzte.

„Meine Eltern waren sehr arm“, erzählte mir der Mann im Bus. „Und damals fühlten wir Schwarze uns noch sehr unterlegen und benachteiligt. Aber diese Geschichte zeigte mir, dass man es als Schwarzer genau wie alle anderen im Leben zu etwas bringen kann, wenn man an Gott glaubt und Jesus Christus nachfolgt."

Gestern las ich einen Artikel meines guten Freundes W. Clement Stone. Dieser Mister Stone ist wirklich ein bemerkenswerter Mann. Er war Zeitungsjunge in Chicago, gehörte zu den Ärmsten der Armen. Weil er sich sein Brot damit verdienen musste, Zeitungen zu verkaufen, hatte er nicht viel Gelegenheit, zur Schule zu gehen. Und heute kann man im Forbes Magazine lesen, dass er einer der reichsten Menschen in Amerika ist. Er verdient 250 Millionen Dollar. Das ist ziemlich viel Geld. Und einen großen Teil davon spendet er für wohltätige Zwecke, zum Beispiel, um Kindern aus den Armenvierteln eine Berufsausbildung zu ermöglichen. Dieser Mann hat ein riesengroßes Herz. Er ist ein echter Charakterkopf, überaus originell und mit sehr klugen Ideen.

Er schreibt: „Man bekommt immer genau das, wonach man sucht. Das ist eine Tatsache. Sie bekommen immer das, wonach Sie tief innerlich suchen. Wenn Sie Inspiration suchen, werden Sie inspiriert, wenn Sie Wissen suchen, werden Sie Wissen erlangen, wenn Sie Gesundheit suchen, verschwinden alle Ihre Krankheiten, wenn Sie das Gute suchen, kommt es zu Ihnen, wenn Sie Erfolg suchen, werden Sie erfolgreich. Der Sucher, der aus tiefster Seele sucht, glaubt unerschütterlich, dass er das Gesuchte finden wird. Richten Sie Ihre Aufmerksamkeit auf die Dinge, die Sie haben und erreichen wollen, und nicht auf die Dinge, die Sie nicht wollen. Denn Sie werden immer das bekommen, worauf Sie Ihre Aufmerksamkeit richten. Und ziemlich viele Menschen bekommen, was sie nicht wollen, einfach weil sie sich ständig gedanklich mit dem beschäftigen, was sie nicht wollen. Fangen Sie also gleich heute damit an, an das zu denken, was Sie wollen. Glauben Sie daran." Stone fährt fort: „Ihr Unterbewusstsein urteilt rein deduktiv, das heißt, es akzeptiert alle Prämissen, die Ihr Wachbewusstsein ihm durch wiederholte konzentrierte Aufmerksamkeit aufprägt."

Ich gebe zu, über diesen Satz muss man etwas nachdenken. Einfach ausgedrückt, besagt er, dass sich das verwirklicht, woran Sie glauben. Anschließend zitiert Stone folgende Bibelstelle (Matthäus 7,7): *„Bittet, so wird euch gegeben; suchet, so werdet ihr finden; klopfet an, so wird euch aufgetan."* Streben Sie nach den großen Dingen, die Sie sich vom Leben erhoffen, dann wird Ihr Leben von Sinn erfüllt sein.

Vier Schritte empfehle ich Ihnen, durch die Sie die Kraft der Erwartung in sich stärken können, damit das, woran Sie glauben und was Sie sich von Herzen wünschen, Wirklichkeit wird. Die ersten drei Schritte nenne ich „Das Prinzip der angewandten Imagination". Diese Schritte sollen Ihrem schöpferischen Denken auf die Sprünge helfen. Legen Sie dazu Papier und Stift bereit.

Schritt Eins:
Schreiben Sie Ihre drei größten Wünsche auf. Nummerieren Sie sie von eins bis drei durch, wobei Sie den für Sie wichtigsten Wunsch an die erste Stelle setzen. Hängen oder legen Sie diese Liste an einen Platz, wo Sie sie jeden Tag sehen können, und erwarten und glauben Sie tief und fest, dass diese drei Wünsche sich verwirklichen werden.

Schritt Zwei:
Verbringen Sie täglich eine Stunde damit, sich intensiv über Ihren Beruf oder Ihr Lieblingshobby oder ein anderes Thema, das Sie besonders interessiert, zu informieren. Lernen Sie während dieser Studienzeit so viel wie möglich über das gewählte Thema. Das können Sie beispielsweise tun, indem Sie sich auf der Fahrt zur Arbeit entsprechende Kassetten oder CDs anhören. Oder lesen Sie Bücher, die sich mit Ihrem Fachgebiet beschäftigen. Lesen Sie die einschlägigen Artikel im Wirtschaftsteil ihrer Zeitung. Wenn Sie sich fünf Jahre lang täglich eine Stunde auf diese Weise informieren, werden Sie zu einem anerkannten Experten auf dem von Ihnen gewählten Gebiet werden. Diese Technik können Sie auch einsetzen, wenn Sie den Beruf wechseln wollen. Nach kurzer Zeit werden Sie genug wissen, um einen anderen Job zu finden, und nach fünf Jahren sind Sie Experte auf dem neuen Gebiet. Ihre Erwartung wird sich verwirklichen.

Schritt Drei:
Kaufen Sie sich ein Notizbuch und schreiben Sie von nun an jeden Abend wenigstens eine neue Idee dort hinein. Haben Sie fünfzig Ideen, schreiben Sie alle fünfzig auf. Gehen Sie aber niemals schlafen, ohne wenigstens eine Idee aufgeschrieben zu haben. Machen Sie sich keine Gedanken darüber, ob die Ideen gut oder schlecht, verrückt oder realisierbar sind. Werden Sie stattdessen zu einer wandelnden Ideenschmiede. Mit der Zeit werden Sie feststellen, dass Sie Ideen zu Papier bringen, die Sie beruflich weiterbringen und Ihnen allgemein zu mehr Erfolg und Erfüllung verhelfen.

Schritt Vier:
Wenn Sie mit den ersten drei Schritten auf praktische Weise Ihre Imagination trainieren, wird der vierte Schritt sich fast von allein ergeben: Er besteht nämlich darin, dass Sie Wunder erwarten und Ihren Sinn für das Wunderbare niemals erlahmen lassen. Wunder entstehen nicht nur aus Träumereien. Meistens sind Sie das Resultat konzentrierten Nachdenkens und wenig glamouröser, dafür aber disziplinierter und hartnäckiger Alltagsarbeit. Vergessen Sie niemals, dass jeder Mensch ein Wunder ist. Und weil jeder von uns ein Wunder ist, können wir Wunder vollbringen – durch Nachdenken, Beten, Glauben, Arbeiten und indem wir anderen Menschen helfen. Wunder werden von Menschen vollbracht, die fest daran glauben, dass sie Wunder vollbringen können.

Daran zu glauben, dass wir Wunderbares leisten können, heißt auch, an das Gesetz der natürlichen Fülle zu glauben. Das Gesetz der Fülle besagt, dass wir das große Potential in jedem Menschen anerkennen müssen. Dieses Potential schöpfen wir aus, wenn wir bereit sind, unser Bestes zu geben, und auch anderen stets zutrauen, dass sie ihr Bestes geben und Großes vollbringen können.

Oder, anders ausgedrückt: Fülle ist unser natürlicher Zustand, von dem wir uns nur dadurch abschneiden können, dass wir einen zu kleinen, engen Standpunkt einnehmen. Glauben Sie, dass Ihnen die Fülle aller Möglichkeiten offen steht, dass Sie aus einem großen Potential schöpfen können, und handeln Sie, als hätten Sie dieses Potential bereits verwirklicht.

Gott verspricht uns Großes, und er hält sein Versprechen. Seien Sie *jemand.* Gott hat Sie nicht erschaffen, damit Sie als kleiner, unbedeutender Niemand durchs Leben laufen. Machen Sie das Beste aus sich, aus Ihren Talenten und Fähigkeiten. Das hat einst Nancy Hanks zu Abraham Lincoln gesagt, diesem mittellosen kleinen Jungen aus der Wildnis: Abraham, *sei jemand!* Und er wurde zu einem der größten Politiker unseres Landes. Wagen Sie es, Ihr höchstes Potential freizusetzen. Das ist es, was Gott sich von Ihnen wünscht.

12. Kapitel

Die Kraft der Entspannung

Unlängst hielt ich eine Rede bei einer Konferenz zum Thema Drogensucht. Ich saß neben einem der Vorstandsmitglieder dieser Anti-Drogen-Kampagne, und er erzählte mir, dass in den Vereinigten Staaten jährlich fünfeinhalb Millionen Kilo Aspirin verkauft werden. Ich zückte Papier und Stift und rechnete aus, dass somit, statistisch gesehen, jeder Einwohner unseres Landes fünfzig Mal pro Jahr unter Kopfschmerzen leidet. Haben Sie Ihre jährliche Kopfschmerz-Quote schon erfüllt? Dann erzählte er mir, dass jeden Abend ungefähr neunzehn Millionen Schlaftabletten benötigt werden, damit das amerikanische Volk Schlaf findet. Nun ist Schlafen doch ein völlig natürlicher Vorgang. Man sollte meinen, dass jeder gesunde Mensch nach getaner Arbeit in der Lage sein müsste, sich hinzulegen und eine gute Mütze voll Schlaf zu genießen. Aber nein, er oder sie kann nur mit Hilfe von Tabletten Ruhe finden. Und das betrifft neunzehn Millionen unserer Mitbürger!

Ich selbst kann bezeugen, dass die Amerikaner so nervös geworden sind, dass man sie noch nicht einmal mehr mit einer Predigt in den Schlaf lullen kann! Tatsächlich ist es schon Jahre her, dass ich das letzte Mal jemanden in der Kirche schlafen sah – und das finde ich ziemlich traurig. Da leben wir in einer Zeit, in der die Menschen größere Chancen und Möglichkeiten haben als je zuvor, in der wir alle Segnungen der Technik und Wissenschaft genießen und ein gutes Leben haben könnten, und doch sind wir zu einer Generation nervöser, unausgeglichener Individuen geworden.

Wenn auch Sie zu den Menschen gehören, die weder bei Tag noch bei Nacht Ruhe finden, dann benötigen Sie vermutlich eine kräftige Dosis guter, alter Entspannung. Das ist keine Faulheit. Das ist kein mangelnder Ehrgeiz. Es bedeutet einfach, dass Sie die Fähigkeit entwickeln, loszulassen und sich ganz Gott anzuvertrauen, der Höheren Macht, die ständig über Sie wacht.

Eine Zeitlang wurde ich jede Woche von einem Mann angerufen, der klagte, er sei so nervös, dass er regelrecht aus der Haut fahren könnte. Er behauptete, er könne sich nur beruhigen, wenn er mit mir sprach, weil er mich so bewundere. Bald wurde mir klar, dass er versuchte, seine eigenen Probleme zu lösen, indem er sie mir aufbürdete, was zu nichts führte.

Ich schlug ihm vor, statt mich immer wieder anzurufen, eine Textstelle aus den Psalmen zu lesen: „Seid stille und erkennet, dass ich Gott bin.“ Das funktionierte. Als dieser Mann lernte, seine eigene innere Stille zu finden, konnte er sich endlich wieder entspannen. Zum ersten Mal seit Jahren wich die große Anspannung aus seinem Körper und sein Zustand besserte sich rasch.

Eines Tages hatte ich eine Begegnung mit einem bemerkenswerten Menschen. Er ist im ganzen Land bekannt, aber ich werde Ihnen seinen Namen nicht verraten. Er gehört zu den prominentesten Bürgern Amerikas und ist ein unglaublich erfolgreicher Geschäftsmann.

Ich halte ihn für einen großen Helden, der viel für dieses Land getan hat. Bei unserem Treffen war ich beeindruckt von der Art und Weise, wie er in seinem Sessel saß. Ich selbst sitze nicht gerne so im Sessel. Ich bin immer bestrebt, aufrecht zu sitzen. Aber dieser große, schlaksige Mann räkelte sich geradezu in seinem Sessel, die Beine lang ausgestreckt.

Ich sagte zu ihm: „Wissen Sie, Sie machen auf mich den Eindruck, als hätten Sie nicht das Geringste zu tun." Darauf er: „Stimmt – ich habe nur das zu tun, was ich jetzt im Moment tue. Wir tun jetzt das hier – und wenn wir damit fertig sind, habe ich noch viele andere Dinge zu tun, aber warum soll ich die jetzt tun, während ich mit Ihnen hier sitze? Immer schön eines nach dem anderen."

Ich sagte: „Sie machen einen sehr entspannten Eindruck." Er sagte: „Das bin ich auch! Aber es erfordert Übung." „Und wie entspannen Sie sich?" „Zuallererst entspanne ich den Geist. Jeden Tag reinige ich meinen Geist von allem, was innere Anspannung verursachen könnte. Es ist wichtig, dass Sie das wirklich jeden Tag tun. Andernfalls würden diese Anspannungen sich verhärten, und dann muss man Sie eines Tages geradezu wegsprengen, um sie wieder loszuwerden. Leeren Sie Ihren Geist jeden Tag. Befreien Sie ihn von allem Ärger, aller Enttäuschung, Reue oder Unruhe. Zweitens denke ich täglich mindestens einmal spirituell." Er ging nicht näher darauf ein, was er mit spirituellem Denken meinte.

Dann fuhr er fort: „Und ich entspanne täglich meinen Körper." Ich fragte ihn, wie er dabei vorgehe. „Nun", antwortete er, „jetzt zum Beispiel sitze ich hier in diesem Sessel. Ich weiß, dass der Körper heilig ist. Lehren Sie nicht, dass der Körper der Tempel der Seele ist?" „Ja", sagte ich, „das lehren wir."

„Dann muss man ihn auch als etwas Heiliges behandeln", sagte er. „Ich stelle mir vor, dass mein Körper ein Sack voller Kartoffeln ist." Ich sagte, dass sei nun wirklich außerordentlich und heutzutage hätten ohnehin viele Menschen die einem prallen Kartoffelsack ähnelnde Leibesfülle. „Aber", sagte er, „ich stelle mir vor, dass ich eine große Schere nehme und den Sack aufschneide, sodass alle Kartoffeln herausrollen, und mein Körper ist dann wie der leere Sack."

Ich schaute ihm ins Gesicht und sah, dass er keinen Witz machte. Es war ihm ernst mit dem, was er sagte. „Ich will ein langes Leben führen", erklärte er. „Ich will noch viel für mein Land und für Gott tun können. Deshalb will ich so gesund wie möglich sein. Dazu ist es nötig, dass ich Körper, Geist und Seele entspanne."

Dieser Mann hat eine Technik erlernt, die ich das „Entschleunigungs-Programm" nenne. Sie besteht darin, sich niemals aus der Ruhe bringen zu lassen. Man behält bei allem, was man tut, eine gleichmäßigen, stetigen Rhythmus bei und lässt sich von nichts und niemandem aus dem Takt bringen.

Sicher haben Sie Kindern schon die Geschichte vom Hasen und der Schildkröte erzählt. Aber hören Sie auch selbst auf die Botschaft dieser Geschichte? Denken Sie daran, wie nervös der Hase war. Ständig rannte er voraus und hielt dann wieder an. Die Schildkröte dagegen stapfte einfach unbeirrbar voran. Sie tat jeweils, was der Augenblick erforderte, und ließ sich durch nichts ablenken.

Meist wird die Geschichte erzählt, um zu demonstrieren, dass es sich lohnt, am Ball zu bleiben und nicht aufzugeben, aber es steckt noch mehr dahinter. Sie ist nämlich ein perfektes Beispiel für die Kraft der Entspannung. Wer aus dieser Kraft schöpfen kann, meistert alle Herausforderungen. Sie wissen ja, wer als erster die Ziellinie überquerte. Wie gehen Sie also Ihr Leben an? Machen Sie es wie die Schildkröte oder wie der Hase?

Denken Sie daran, dass die Schildkröte sich unter anderem durch ihre ruhige Geisteshaltung auszeichnete. Nichts konnte sie aus der Ruhe bringen. Sie war das perfekte Beispiel für ein Wesen, das in seiner Mitte ruht und die vor ihm liegenden Aufgaben zwar entschlossen, aber zugleich entspannt angeht.

Ich nahm einmal an einem Entspannungsseminar teil, das von einem Hindu-Swami geleitet wurde. Dieser Mann saß eine volle Stunde absolut still da, ohne einen einzigen Muskel zu bewegen. Ich versuchte, es ihm gleichzutun, aber das erwies sich als überaus schwierig. In der Stille wird man sich plötzlich jedes Geräusches bewusst, sogar des eigenen Herzschlags. Mit der Zeit gelang es mir jedoch immer besser und ich lernte, tatsächlich völlig still zu sitzen und meine inneren und äußeren Verspannungen weitgehend abzubauen. Aber das erfordert viel Übung.

Wenn man Zeitung liest, Radio hört und fernsieht, kann man leicht den Eindruck bekommen, dass es überhaupt keine ruhigen, entspannten Menschen mehr gibt. Alle Leuten scheinen sich ständig über alles Mögliche aufzuregen. Und das ist wirklich ein Jammer! Gut möglich, dass es genau das ist, was mit uns nicht stimmt, nicht nur als einzelne Menschen, sondern mit der Gesellschaft insgesamt. Innere Ruhe und Gelassenheit – was auch geschehen mag. Das ist der Zustand, nach dem wir alle streben sollten. Nur wer innerlich ruhig wird, kann lernen, schöpferisch zu denken. Wir können nicht schöpferisch denken, wenn wir angespannt und nervös sind, denn dann können die Inspirationen und Einsichten aus den spirituellen Tiefen unseres Geistes nicht in unser Wachbewusstsein dringen. Dann denken wir nur sehr oberflächlich. Daher sollten wir möglichst die ganze Zeit über einen Zustand innerer Ruhe und Gelassenheit aufrechterhalten – was durchaus machbar ist.

Alle zwei, drei Jahre gehe ich in den Madison Square Garden, um mir die Millrose Games anzuschauen. Und ich kann Ihnen sagen – bei einem Leichtathletik-Wettkampf lernen Sie mehr über das richtige, positive Leben als an jedem anderen mir bekannten Ort, jedenfalls außerhalb der Kirche. Es hat mich immer beeindruckt, dass der heilige Paulus so oft die Olympischen Spiele der Antike als Beispiel heranzieht, Wettläufe und dergleichen mehr.

Bei den Games sah ich auch Bob Seagren, den Stabhochspringer. Er stellte einen Hallenrekord von 5,32 Meter auf. Ich gehe mir die Millrose Games jetzt schon viele Jahre anschauen und weiß noch, wie Bob Richards zum ersten Mal 4,60 Meter übersprang. Damals dachte ich, das sei nicht zu toppen. Aber Seagren sagte, dass schon bald jemand die 5,52 Meter überspringen werde. „Ich will derjenige sein, der das schafft." Später ist er dann sogar 5,63 Meter gesprungen und hat damit einen weiteren Weltrekord aufgestellt. Es waren ungefähr 15 000 Zuschauer im Madison Square Garden – große Aufregung, Lärm, Verwirrung. Ein Reporter fragte Seagren, was er vorhabe. Er antwortete: „Wir werden sehen. Ich bin hier, um Spaß zu haben. Ich springe eben leidenschaftlich gerne. Es geht mir nicht darum, Rekorde aufzustellen. Aber, wissen Sie, ich bin so entspannt – vielleicht stelle ich ganz nebenbei doch einen Rekord auf." Und das tat er dann. Er sagte, die aufregende Atmosphäre im Madison Square Garden hätte ihn inspiriert.

Nach dem Rekord freute er sich wie ein kleiner Junge. Anschließend setzte er sich hin, lehnte sich gegen einen Pfosten und wirkte ganz gelassen und entspannt. Seine Sprünge, selbst dann, wenn er dabei die Latte riss, erschienen mir wie eine Symphonie. Körper, Geist und Seele flossen zu einem harmonischen Ganzen zusammen. Ich fand es zutiefst inspirierend, ihm dabei zuzusehen. Er schien mir das perfekte Beispiel eines Menschen zu sein, der innere Ausgeglichenheit und Ruhe praktiziert.

Bob Seagrens Weltrekord ist in den folgenden Jahren immer wieder übertroffen worden, und zwar von Athleten, die seine Methode benutzten – völlige Entspannung. Möchten auch Sie ein entspanntes Leben in heiterer Gelassenheit führen? Hier sind drei Schritte, die Ihnen dabei helfen werden:

Schritt Eins:

Finden Sie Ihre innere Mitte, Ihr Zentrum der Selbstkontrolle. Setzen Sie sich dazu auf einen Stuhl, die Füße flach auf den Boden gestellt. Ihre Hände ruhen im Schoß. Atmen Sie tief ein und aus, mit ungefähr sechs Atemzügen pro Minute. Das heißt, ein Atemzug dauert etwas zehn

Sekunden. Eine andere Möglichkeit ist die „Sechzehn-Sekunden-Atemtechnik“. Zählen Sie während des Einatmens bis vier. Halten Sie den Atem an und zählen Sie dabei wieder bis vier. Beim Ausatmen zählen Sie ebenfalls bis vier. Und während Sie das vierte Mal bis vier zählen, halten Sie erneut den Atem an. Dann beginnt der Zyklus von vorn. Wenn Sie diese Übung zum ersten Mal ausprobieren, werden Sie erstaunt feststellen, wie langsam Sie dabei atmen. Ihr ganzer Körper wird sich entspannen und zur Ruhe kommen. Ihr Geist wird klarer, und es wird Ihnen viel leichter fallen, kreativ zu denken. Wenden Sie diese bewusste Atemtechnik mehrmals täglich an. Schon bald werden Sie viel gelassener auf den Alltagsstress reagieren.

Schritt Zwei:
Kultivieren Sie innere Ruhe. Löschen Sie unangenehme Gedanken aus Ihrem Bewusstsein, so wie Sie früher in der Schule die Tafel auswischten. Lösen Sie sich von der Vergangenheit und schauen Sie nach vorn, in die Zukunft. Entwickeln Sie Verständnis und Mitgefühl, statt wütend und erregt zu reagieren. Diese veränderte geistige Perspektive wird schon bald zu größerem körperlichen Wohlbefinden führen.

Schritt Drei:
Denken Sie an die Schildkröte. Gehen Sie konsequent Ihren Weg, aber nehmen Sie sich die Zeit, unterwegs an den Blumen zu riechen. Genießen Sie die Schönheit, die sich Ihnen am Wegesrand bietet. Machen Sie nach der Arbeit einen täglichen Spaziergang. Schauen Sie sich die Gärten

in der Nachbarschaft an. Nehmen Sie sich Zeit für einen Plausch über den Gartenzaun. Beteiligen Sie sich aktiv am sozialen Leben in Ihrer Gemeinde.

Parken Sie Ihren Wagen ein paar Straßen von Ihrer Arbeitsstelle entfernt, sodass Sie sich etwas Bewegung an der frischen Luft verschaffen. Schauen Sie sich die Gebäude in der Nähe an, achten Sie auf die Architektur und andere Besonderheiten. Sehen Sie sich die Schaufenster an und achten Sie auf die wechselnden Dekorationen. Achten Sie auf das, was um Sie herum geschieht, statt sich nur auf sich selbst zu konzentrieren.

Betrachten Sie Ihre Umgebung jeden Tag, als sähen Sie alles zum ersten Mal. Dann gibt es immer etwas zu entdecken, und die Welt wird für Sie faszinierend und interessant bleiben, was bewirkt, dass Sie sich stets entspannt und erfrischt fühlen.

Diese drei Schritte werden Ihnen zeigen, dass das Leben wundervoll und erfüllt sein kann, wenn Sie Körper, Geist und Seele für den Frieden Gottes öffnen. Geben Sie Ihr Bestes: Tun Sie Gutes, seien Sie ein guter Mensch. Legen Sie Ihr Leben dann ganz in Gottes Hände und vertrauen Sie auf ihn. Seien Sie nicht ängstlich. Seien Sie nicht nervös. Seien Sie nicht angespannt. Seien Sie ruhig und gelassen. Praktizieren Sie inneren Frieden.

13. Kapitel

Lebensfreude – das große Kraftzentrum

Sind Sie froh, lebendig zu sein? Wenn Sie nicht lebendig sind, dann sind Sie tot. Da gibt es keine Alternative. Aber wie lebendig sind Sie? Ein berühmter chinesischer Philosoph namens Lao Tse – es macht sich immer gut, ein Zitat eines chinesischen Philosophen einzuflechten – dieser Lao Tse jedenfalls schrieb einst: „Lebendig sein bedeutet, an vielen Punkten mit dem Leben in Verbindung zu stehen. Je mehr Berührungspunkte es zwischen dir und dem Leben gibt, desto lebendiger bist du."

Also: Wie lebendig sind Sie? Haben Sie je über diese Frage nachgedacht? Bis zu welchem Grad ist das Leben für Sie nur ein Zuschauersport? Sitzen Sie mit der Fernbedienung im Sessel und lassen alles passiv, ohne emotional beteiligt zu sein, an sich vorbeiziehen? Oder bringen Sie sich voll und ganz in diese Welt ein, mit allem, was Sie emotional, physisch und spirituell zu bieten haben? Spüren Sie mit allen fünf Sinnen die Vitalität des Lebens, weil Sie es mit allen Sinnen an sich heranlassen? Sind Sie hellwach und offen für seine Wunder?

Wenn Sie die letzten drei Fragen mit Ja beantwortet haben, dann sind Sie ein emotionaler Mensch. Und Emotionen sind so lebenswichtig wie die Luft zum Atmen. Kennen

Sie nicht auch laue, scheinbar gleichgültige Menschen, die keine Meinungen und keine Vorlieben haben, niemals lachen oder weinen? Und dann fallen solche Leute ganz plötzlich mit einem Herzinfarkt oder Schlaganfall um, weil sie alle Emotionen in sich hineingefressen haben, bis ihr ganzes System regelrecht explodiert. Das sind die Leute, die unter blutenden Magengeschwüren oder Depressionen leiden. Sie scheinen einfach nicht begreifen zu wollen, dass unser Leben mit all seinen Schwierigkeiten und Herausforderungen ein Abenteuer ist, auf das man sich mit ganzem Herzen einlassen soll. Das ist es, was Gott von uns will. Dann sind wir wirklich lebendig.

Und was meine ich mit diesem Lebendigsein? Die Welt und alles darin wirklich mit ganzen Sinnen wahrnehmen. Sich wirklich auf die Mitmenschen und die vielen Facetten des Lebens einlassen – wachbewusst, mit Intuition und feinem Gespür.

Sind Sie wach? Begegnen Sie der Welt mit klarer, gesammelter Aufmerksamkeit? Ich besitze eine Farm in Duchess County, und gestern stand ich dort und ließ meinen Blick über die verschneite Landschaft schweifen. Er fiel auf eine Birke, die ich vor Jahren selbst gepflanzt habe. Inzwischen ist sie groß und schön. Klar und deutlich hob sie sich gegen den blauen, wolkenlosen Himmel ab.

Ich war nicht allein, sondern ein guter Freund war bei mir. Als er die Birke sah, hellte sich sein Gesicht plötzlich auf. Er zeigte auf den Baum und sagte: „Kann es einen schöneren Anblick geben?“ Und sehr passend fügte er hinzu: „Nur Gott kann einen Baum erschaffen.“ Ich sehe die Birke fast jeden Tag, so dass ich kaum noch etwas Besonderes an ihr fand. Aber die Wachheit und Bewusstheit dieses Freundes ist offensichtlich viel weiter entwickelt als meine eigene. Von ihm kann man wirklich lernen, Schönheit wahrzunehmen.

Vor ein paar Tagen fuhr ich in einem Taxi die Fifth Avenue entlang. Es herrschte dichter Verkehr, der immer wieder ins Stocken geriet. Wir hatten etwa vier Uhr nachmittags, und ein langer Sonnenstrahl fiel durch den Park über die Avenue in die 65th Street. Der Taxifahrer sagte zu mir: „Ist das nicht schön – wie das lange Licht über die Avenue huscht." Ich sagte: „Mein Freund, Sie sollten Dichter werden. Und langes Licht huscht über die Avenue." Es erinnerte mich an Tennyson.

„Auf Burggemäuer fällt der Glanz und auf der alten Gipfel Schnee, vollführt in Bachgischt einen wilden Tanz, und langes Licht huscht über jeden See." Mir war, als seien der Taxifahrer und Tennyson aus dem gleichen Holz geschnitzt. ... Wachheit und Empfindsamkeit – sensibel sein für die Schönheit von Gottes Schöpfung, darum geht es.

Kürzlich besuchte ich meinen Cousin, der in einer ziemlich noblen Gegend von Chicago wohnt. Er selbst ist aber keineswegs versnobt. Er war ein sehr erfolgreicher Banker, ohne dass dies seinen Charakter verdorben hätte. Jetzt ist es fünfundsechzig und hat sich unlängst zur Ruhe gesetzt. Davon abgesehen merkt man ihm sein Alter in keiner Weise an.

Geboren wurde er in einer Kleinstadt namens Martinsville in Ohio. Das Wichtigste in Martinsville, das ungefähr 700 Einwohner zählt, war die B&O-Eisenbahnlinie. Als Junge ging mein Cousin jeden Tag zum Bahnhof und schaute sich die vorbeifahrenden Züge an. Die großen Dampflokomotiven, die damals noch regelmäßig im Einsatz waren, hatten es ihm angetan. Also führte er mich in seinen Keller, und dort zeigte er mir eine Original-Zugglocke des Royal Blue Flyer, jenes berühmten Zuges, der einst durch Martinsville rollte. Er hat auch die Original-Pfeife der Lokomotive 899. Und er führt seinen Gästen gerne Glocke und Pfeife vor.

Außerdem besitzt er die Morsetaste aus dem alten Bahnhof von Martinsville und beherrscht den Morsecode. Er hat in seinem Keller sogar das alte Schild des vor langer Zeit stillgelegten Bahnhofs aufgehängt. Und draußen in seinem Garten hat er Schienen verlegt, auf denen eine siebenhundert Kilo schwere Lokomotive sorgfältig rekonstruierte Modellwaggons zieht. Diese Lokomotive hat er mit viel Liebe zum Detail selbst gebaut. Sie raucht und riecht wie eine Dampflok - und es ist tatsächlich eine echte Dampflok! Wenn er die Dampfpfeife betätigt und sich oben auf das Dach des Führerhauses setzt, laufen alle Nachbarskinder herbei und springen auf den Zug, und ein paar Erwachsene fahren auch immer mit.

Einmal ließ er mich die Lok fahren. Ich musste einen echten Lokführer-Overall und Handschuhe anziehen und die entsprechende Mütze aufsetzen. Nach der Fahrt sagte er, ich hätte wirklich ein Händchen für die Dampfpfeife. Er schenkte mir eine Schallplatte und sagte: „Norman, wenn du mal nicht so gut drauf bist, hör dir diese Platte an." Es ist eine Aufnahme des alten B&O-Güterzuges, wie er an einem klaren, kalten Winterabend hinter Chillicothe mit gewaltigem Getöse die Steigung nach Blanchester erklimmt und dann dort in den Bahnhof einläuft. Gestern Abend habe ich mich tatsächlich für eine halbe Stunde hingesetzt und den Lokomotiv-Pfiffen aus einer fernen Vergangenheit gelauscht.

Mein Cousin ist ein guter, starker, anständiger Christenmensch – und er strömt geradezu über vor Lebensfreude, denn er hat sich ein Herz für die Romantik des Daseins bewahrt.

Leider gibt es viele Menschen, die, ganz im Gegensatz zu meinem Cousin, das Leben wenig aufregend finden und sich für nichts begeistern können. Mrs. Peale und ich hatten die Nacht in einem Hotel in Denver verbracht, und morgens gingen wir zum Frühstück hinunter in den wunderschönen Speisesaal. Dort glänzte und spiegelte alles. Sie polierten sogar die Speisekarten. Das Besteck war aus edlem Silber, und durch die hohen Fenster leuchtete die Morgensonne. Die Kellnerin jedoch machte ein ziemlich missmutiges Gesicht. Als sie unsere Bestellung entgegengenommen hatte, sagte sie: „Ich vermute, Sie sind in Eile." Ich sagte: „Das stimmt." Und erfreulicherweise dauerte es dann auch gar nicht lange, bis sie unser Frühstück brachte. „Ma'am, ich wünsche Ihnen einen guten Tag", sagte ich.

„Ach, das können Sie vergessen", sagte sie. „Warum soll es denn kein guter Tag werden?", fragte ich. Sie antwortete: „Der Mond ist schuld. Der letzte Tag des zunehmenden Mondes, der Vollmond und der erste Tag des abnehmenden Mondes – diese drei Tage kann man einfach vergessen. Da geht alles schief."

„Ich glaube nicht, dass der Mond etwas damit zu tun hat", erwiderte ich. „Kennen Sie Julius Cäsar?" Ganz si-

cher zu sein, um wen es sich handelte, schien sie nicht. Ich sagte: „Bei Shakespeare, in dessen Theaterstück *Julius Cäsar*, heißt es: ‚Nicht durch die Schuld der Sterne, lieber Brutus, durch eigne Schuld nur sind wir Schwächlinge.'"
„Aha? Na, wie Sie meinen." Sie war offenbar fest entschlossen, ihre pessimistische Sicht beizubehalten. Keine Begeisterung, keine Lebensfreude.

Dabei hat der Mond wirklich nichts damit zu tun, und die Sterne auch nicht. Auch nicht das Sternzeichen, unter dem wir geboren wurden. Ob Sie ein aufregendes, begeistertes Leben führen, hängt ganz allein davon ab, was Sie selbst, mit Gottes Hilfe, aus Ihrem Leben machen. Begeisternd, aufregend, faszinierend wird Ihr Leben, wenn Sie dementsprechend denken und jeden Tag als Geschenk Gottes begrüßen, als eine großartige Gelegenheit, aufregende Erfahrungen zu machen und faszinierende Dinge zu tun. Dabei ist es ganz egal, wie das Wetter ist und ob der Mond ab- oder zunimmt. Entscheidend ist das innere Wetter, das Sie selbst in Ihrem Bewusstsein erzeugen. Das allein bestimmt, ob es ein guter oder ein schlechter Tag wird.

Ein junger Mann fragte mich einmal, ob es möglich ist, jemals wirklich glücklich zu sein. Ich dachte darüber nach und gab ihm dann eine Liste, die ich mein „Glücks-Rezept" nenne. Es handelt sich um eine Liste mit dreizehn Zutaten, die man zum Glücklichsein braucht: Spiritualität, tiefen inneren Frieden, heitere Gelassenheit, Freude, Begeisterung, Herausforderungen, gute Verdauung, Gesundheit, einen lieben Menschen an seiner Seite, Freunde, genug Geld, Neugierde und Wünsche.

Wenn Sie diese Liste betrachten, sehen Sie, dass zu diesem Glücks-Rezept auch einige Emotionen gehören. Frieden und heitere Gelassenheit sind sanfte Emotionen, die entstehen, wenn wir auf ein gutes Ziel hinarbeiten und Anspannung, Wut und Bitterkeit hinter uns lassen.

Freude, Begeisterung und Liebe sind aktive, nach außen gerichtete Emotionen. Und die letzten beiden, Neugierde und Sehnsucht (nach der Erfüllung unserer Wünsche) sind Katalysatoren, die unseren anderen Emotionen zusätzliche Energie verleihen.

Als ich Ihnen von meinem eisenbahnbegeisterten Cousin erzählte, erwähnte ich seinen Sinn für die „Romantik des Daseins“. Den Sinn für Romantik halte ich für etwas sehr, sehr Wichtiges. Ihn zu verlieren ist eine echte Tragödie. Geld, Ruhm und Ehre sind leer und wertlos, wenn uns das Leben keine Freude macht.

Die Fähigkeit, über die Wunder und Geheimnisse der göttlichen Schöpfung zu staunen, macht unser Leben aufregend. Dann sind wir begeistert – und glücklich. Ich finde es traurig, wie viele Menschen sich heutzutage regelrecht durchs Leben schleppen, geistig und körperlich abgestumpft, freudlos.

Darum möchte ich Ihnen nun drei Schritte vorschlagen, die Ihnen helfen, Begeisterung und Lebensfreude immer wieder neu zu entfachen. Das hält Sie vital und in Schwung, und, glauben Sie mir, es wirkt auch auf die Menschen in Ihrer Umgebung sehr ansteckend!

Schritt Eins:
Lassen Sie sich durch nichts so aus dem Gleichgewicht bringen, dass Sie den Kontakt zu der göttlichen Lebenskraft in sich verlieren. Nehmen Sie sich jeden Tag Zeit, sich völlig zu entspannen, um so Ihre emotionalen Batterien aufzuladen.

Als ich noch ein junger Mann war, lehrte ein Arzt mich die folgende Entspannungsmethode, die ich nun schon seit Jahrzehnten mit großem Gewinn anwende: Machen Sie es sich einmal täglich in einem großen Sessel mit hoher Lehne bequem. Strecken Sie die Beine aus und lassen Sie die Arme bequem seitlich herabhängen. Lehnen Sie den Kopf gegen die Sessellehne und sitzen Sie nun einfach für zwei bis drei Minuten vollkommen still – wenn Sie die Zeit haben, können es natürlich auch gerne fünf Minuten sein. Stehen Sie dann auf und wenden Sie sich wieder Ihren Alltagsaufgaben zu. Sie werden sich verjüngt und gestärkt fühlen. Diese Methode ermöglicht es Ihnen, in kürzester Zeit und ohne viel Aufwand frische Lebensenergie zu tanken.

Schritt Zwei:
Stellen Sie sich während des Tages öfter vor, dass die Lebensenergie für Sie am Werk ist. Visualisieren Sie, wie diese lebendige Kraft Gottes Sie durchströmt. Bewahren Sie eine gesunde, positive, optimistische Geisteshaltung und räumen Sie jeder Form von Negativität keinen Platz in Ihrem Denken ein. Stimmen Sie sich auf den grundlegenden, gesunden Rhythmus des Lebens ein, wie unser Schöpfer ihn für uns alle eingerichtet hat, und lassen Sie sich davon durch nichts und niemanden abbringen.

Schritt Drei:
Bleiben Sie öfter mal stehen und schnuppern Sie an den Rosen. Nehmen Sie sich die Zeit, Ihre Umgebung wirklich wahrzunehmen. Entwickeln und bewahren Sie einen Sinn für Schönheit. Seien Sie wach und offen für sinnliche Freuden. Wenn Ihnen Ungerechtigkeit begegnet, entwickeln Sie einen gesunden, ehrlichen, göttlichen Zorn, und tun Sie etwas dagegen, engagieren Sie sich. Machen Sie mit, stehen Sie nicht am Rand. Nehmen Sie aktiv am Leben teil. Erleben Sie jeden Augenblick, der Ihnen auf Erden geschenkt wird, wach und bewusst.

Nun werden Sie vielleicht einwenden: „Mein Leben ist hart. Ich habe viele Sorgen. Es geht mir nicht gut. Ich bin frustriert. Ich bin immer wieder enttäuscht worden. Man hat mich schlecht behandelt." Was dann? Nehmen Sie dieses ganze Sorgen-Paket und geben Sie es in Gottes Hände. Gott liebt Sie. Er wird sich darum kümmern. Und machen Sie sich klar, dass es kein Leben ohne Sorgen und Herausforderungen gibt.

Wirklich lebendig sein heißt, sich voll und ganz auf diese abenteuerliche Mischung aus Lachen und Tränen einzulassen. Leben ist Regen und Sonnenschein, Dunkelheit und Licht. Aber das wird mich nicht davon abhalten, bis ans Ende meiner Tage in Ekstase und Freude zu leben.

Und auch Sie sollte es nicht davon abhalten. Beten Sie: *Herr, gib mir die Kraft, mit Gelassenheit die Anforderungen des Lebens zu bewältigen. Schenke mir Frieden. Schenke mir Liebe. Schenke mir Begeisterung. Und schenke mir Freude.*

Darauf kommt es an. Gehen Sie aus sich heraus, geben Sie mit offenem Herzen, dann wird auch Ihnen reichlich gegeben werden, und Ihr Leben wird reich und erfüllt sein. Begeisterung und Lebensfreude sind die Wegweiser in eine wunderbare Zukunft. Und das ist die Wahrheit.

14. Kapitel

Die Kraft der Gelassenheit

Ein Manager ließ sich um drei Uhr nachmittags einen Termin bei einem Arzt geben. Er traf auf die Sekunde pünktlich ein und schaute auf die Uhr, als er die Praxis betrat. Der Arzt brauchte aber für den vorherigen Patienten etwas länger als vorgesehen, so dass der Manager volle fünf Minuten warten musste, ehe man ihn endlich ins Sprechzimmer führte. Sichtlich verärgert fuhr er den Doktor an: „Sie sind zu spät!“ Dann ging er nervös im Sprechzimmer auf und ab. Der Arzt betrachtete seinen Patienten einen Moment schweigend – philosophisch, forschend, wissenschaftlich. Schließlich sagte er: „Mein Freund, setzen Sie sich bitte hin.“ Der Manager entgegnete: „Ich habe keine Zeit, mich hinzusetzen. Ich bin ein vielbeschäftigter Mann.“ Der Arzt sagte: „Das weiß ich. Vermutlich sind Sie gerade deshalb zu mir gekommen. Setzen Sie sich hin, damit ich Sie untersuchen kann.“

Als der Mann sich widerstrebend hingesetzt hatte, sagte der Arzt: „Was fehlt Ihnen denn? Warum sind Sie hier?“ „Oh“, antwortete der Mann, „es ist das Leben, das ich führen muss – keine Ruhe, ständiger Stress. Ich bin völlig erschöpft, wissen Sie.“ Der Arzt fühlte seinen Puls. Er fühlte ihn ein zweites Mal und machte ein besorgtes Gesicht. Dann nahm er das Stethoskop und horchte Herz und Lunge ab. Anschließend maß er dem Mann den

Blutdruck, maß ihn noch einmal, mit jenem geheimnisvollen Gesichtsausdruck, den Ärzte immer aufsetzen, wenn sie die Blutdruckmanschette aufpumpen. Die ganze Zeit über schwieg er.

Schließlich richtete er sich im Stuhl auf, schaute seinem Patienten in die Augen und sagte: „Wie war das? Was fehlt Ihnen?“ Der Manager antwortete: „Ich bin völlig erschöpft.“ Der Arzt sagte: „Das ist eine Fehldiagnose. Sie sind nicht völlig erschöpft. Ihr Problem ist, dass Sie ständig unter Hochspannung stehen. Und dass Sie sich erschöpft fühlen liegt daran, dass Sie ständig unter Hochspannung stehen.“

„Dann verschreiben Sie mir etwas dagegen. Einen Tranquilizer oder dergleichen.“ „Ist das wirklich die Medizin, die Sie wollen?“ „Was würden Sie mir denn verordnen?“ „Sind Sie bereit, jede meiner Verordnungen zu akzeptieren?" Der Manager zuckte mit den Achseln. „Natürlich. Sie sind der Arzt. Sie müssen es wissen. Schreiben Sie es mir auf, und ich nehme es.“

Dieser Arzt war ein ziemlich eigenwilliger Mann. Er zückte also seinen Rezeptblock und schrieb: „Kol. 3,15.“ Dann drückte er das Rezept seinem Patienten in die Hand. „Nehmen Sie davon dreimal täglich eine kräftige Dosis“, sagte er noch.

Der Manager wunderte sich über die merkwürdige Abkürzung und ging mit dem Rezept sofort in die gegenüber der Praxis gelegene Apotheke. Er schob das Rezept dem Apotheker über den Tresen und sagte ungeduldig: „Schnell, geben Sie mir das. Der Doktor hat gesagt, dass ich es dreimal täglich einnehmen soll." Der Apotheker kannte den Arzt und seine manchmal etwas exzentrischen Behandlungsmethoden gut. Er schaute sich das Rezept an und sagte: „Das haben wir nicht vorrätig."

„Was ist das denn für eine schlecht sortierte Apotheke?" fragte der Manager verärgert. „Wir haben keine Bibeln am Lager", sagte der Apotheker ruhig. Der Manager schaute ihn verblüfft an. „Bibeln?" „Wie ich unseren guten Doktor kenne, handelt es sich bei dieser Abkürzung um eine Bibelstelle. Kolosser, Kapitel 3, Vers 15. Ich bin nicht so bibelfest, dass ich Ihnen sagen könnte, was dort steht. Aber ich nehme an, der Doktor möchte, dass Sie nach Hause gehen und diese Bibelstelle lesen. Das ist die Medizin, die er Ihnen verordnet hat."

Also ging der Manager nach Hause und entstaubte seine Bibel. Da er normalerweise nie in der Bibel las – vermutlich war das einer der Gründe, warum es ihm so schlecht ging –, brauchte er volle fünfzehn Minuten, um den Paulus-Brief an die Kolosser zu finden. Dort las er: *In eurem Herzen herrsche der Friede Christi.* Mit dem Herzen ist in der Bibel Geist und Seele, die ganze Persönlichkeit gemeint.

Fasziniert rief er den Arzt an und sagte: „Hören Sie, Doktor, ich möchte mit Ihnen über die Medizin sprechen, die Sie mir verordnet haben." „Ich wusste, dass Sie anrufen würden", sagte der Arzt. „Hätte ich bei Ihnen eine organische Krankheit diagnostiziert, hätte ich Ihnen natürlich ein geeignetes chemisches Medikament verschrieben. Aber Ihr Problem ist psychischer Natur und heutzutage leider weit verbreitet. Sie haben die emotionale Selbstkontrolle verloren und sind seelisch aus dem Gleichgewicht geraten. Die Unruhe und Hektik des modernen Lebens hat Sie im Griff, und das zerrt an Ihrem Nervenkostüm. Dieses Problem lässt sich nur auf spirituellem Wege heilen."

Ralph Waldo Emerson sagte: „Stark ist, wer über Selbstbeherrschung verfügt." Ein solcher Mensch hat sich unter Kontrolle, im Umgang mit anderen Menschen und im Umgang mit sich selbst. Er ist Herr über seine Ängste und Begierden. Er hat sich im Griff. Das verleiht ihm Stärke und Macht.

Nervliche Anspannung ist ein sonderbares Phänomen. Bis zu einem gewissen Punkt kann man sie beherrschen. Überschreitet man diesen Punkt, wird man von ihr beherrscht. Jenseits einer bestimmten Grenze gerät man in die Hysterie. Da hört die Kontrolle dann auf. Bei hysterischen Menschen habe ich schon öfter beobachten können, dass man sie wieder aus diesem Zustand herausholen kann, wenn man sie einem plötzlichen Schock aussetzt, sie zum Beispiel laut anschreit. Sicherlich gibt es Fälle von Hysterie, wo eine Selbstkontrolle nicht mehr möglich ist, aber die meisten Menschen, deren Zustand an Hysterie grenzt, können sich selbst beherrschen und zusammenreißen, wenn sie das wollen, wenn sie bereit sind, Selbstdisziplin zu praktizieren.

Die Frage ist, wo die Hysterie beginnt. Sind Sie nervös? Sind Sie angespannt? Leiden Sie unter Schweißausbrüchen? Wachen Sie nachts mit Atembeklemmungen auf? Sagen Sie: „Oh, diese Welt ist voller Lärm und Verwirrung. Ich sehne mich nach Ruhe und Frieden." Wie erlangt man seelischen Frieden, heitere Gelassenheit? Man wendet sich an die Quelle allen Friedens, an Gott, und sagt: „Herr, lasse deinen Frieden in meinem Herzen herrschen.“

Herrschen bedeutet Kontrolle. Es bedeutet Disziplin. Der Weg zur Gelassenheit in einer unruhigen Welt besteht also darin, ein disziplinierter Mensch zu werden, ein Mensch, der in der Lage ist, seine Emotionen bewusst zu lenken und zu beherrschen.

Ich stelle Ihnen nun sechs Schritte vor, die Ihnen dazu verhelfen werden, Ihre Emotionen zu beherrschen und Gelassenheit und Seelenfrieden zu erlangen.

Schritt Eins:
Machen Sie sich klar, dass es keinen Grund gibt, angespannt, besorgt oder gestresst zu sein. Machen Sie Gebrauch von Ihrer inneren Stärke, um Ihre Anspannung unter Kontrolle zu halten. Denken Sie daran: Sie können alles tun, von dem Sie glauben, dass Sie es können. Trainieren Sie Ihre Fähigkeit, sich von dem Stress in Ihrer Umgebung innerlich zu distanzieren und zu lösen. Trainieren Sie das immer wieder.

Schritt Zwei:
Denken Sie möglichst den ganzen Tag positive, friedliche Gedanken und sagen Sie nur Dinge, die diesem Geist des Friedens entsprechen. Ersetzen Sie bittere, negative Worte durch tröstliche, positive. Schon bald werden Sie feststellen, dass dadurch ein innerer Heilungsprozess in Gang gesetzt wird.

Schritt Drei:
Stellen Sie die Lautstärke der Stereoanlagen, Radios und Fernsehgeräte in Ihrer Umgebung so leise wie möglich ein. Wenn es bei Ihnen zu Hause laut und hektisch zugeht, sollten Sie sich unbedingt einen Ort der Stille schaffen, an den Sie sich täglich zurückziehen können. Falls nötig, sollten Sie diesen Raum, der nicht viel größer als ein Kleiderschrank sein muss, mit Dämmplatten oder etwas Ähnlichem schallisolieren. Ziehen Sie sich dorthin zurück, wenn Ihnen der ganze Lärm zu viel wird.

Noch besser ist es, wenn Sie es zu einem gemeinsamen Familienprojekt machen, täglich für eine gewisse Zeit Stille zu praktizieren. Das kann eine Phase von dreißig oder sechzig Minuten sein, während der sämtliche lärmenden Geräte ausgeschaltet werden, niemand spricht und alle Gelegenheit haben, das eigene innere Kraftzentrum aufzusuchen und dort Gelassenheit zu finden.

Schritt Vier:
Nehmen Sie sich genügend Zeit für den Blick nach innen. Finden Sie die wahren seelischen Ursachen für Ihre Angespanntheit und Nervosität heraus. Oft zeigt sich dabei, dass der äußere Anschein trügt.

Zum Beispiel glauben Sie vielleicht, dass Ihr Chef die Ursache für Ihre Probleme ist. Wenn Sie jedoch aufrichtig nach innen schauen, entdecken Sie, dass Ihr Stress zum größten Teil selbst erzeugt ist. Und hat man einmal die wahre Ursache aufgedeckt, ist der Weg zur Heilung meist nicht mehr weit.

Schritt Fünf:
Ändern Sie bewusst ungesunde Verhaltensmuster, die zu Ihrem Stress beitragen. Ernähren Sie sich gesund, treiben Sie Sport, sorgen Sie für genügend Schlaf und Erholung. „Entschleunigen“ Sie Ihr Leben, statt aufgescheucht hierhin und dorthin zu hetzen. Die Zeit, die Sie sich heute für Erholung und Entspannung nehmen, wird Ihnen zu mehr gesunden Jahren an Ihrem Lebensabend verhelfen.

Schritt Sechs:
Beschäftigen Sie sich mit Ihrer Religion und suchen Sie in der Spiritualität nach dem Schlüssel zu Gelassenheit und Seelenfrieden. Sie dürfen sicher sein, dass Sie ihn dort finden werden. Vertrauen Sie im Gebet alle Ihre Sorgen und Probleme Gott an und glauben Sie fest daran, dass er sich darum kümmern wird.

Ziehen Sie sich inmitten all der weltlichen Unruhe und Hektik immer wieder in Ihr inneres Kraftzentrum der Stille zurück. Dort finden Sie Gelassenheit und Zuversicht. Markham schrieb: „Im Herzen des tosenden Wirbelsturms gibt es einen zentralen Ort der Ruhe.“ Nur der kann auf die Dauer aktiv und erfolgreich sein, der gleichzeitig Seelenruhe und Gelassenheit zu kultivieren versteht. Aktivität und Ruhe sind zwei Pole, die zusammengehören.

15. Kapitel

Mut verleiht Flügel

Um dieses Leben sicher und erfolgreich zu bewältigen und zu meistern, benötigt jeder Mensch zwei bestimmte Qualitäten. Natürlich gibt es auch noch andere Qualitäten, aber diese beiden sind von außerordentlicher Wichtigkeit. Die eine ist Mut. Und die andere ist Selbstvertrauen. Alle Menschen brauchen Mut und Selbstvertrauen.

Wenn ich Beispiele suche für Menschen, die sich durch ein hohes Maß an Mut und Selbstvertrauen auszeichnen, denke ich an Persönlichkeiten wie Robert Moses, der unlängst im hohen Alter von zweiundneunzig Jahren starb. Er gilt als einen der größten Baumeister Amerikas. Er hat vermutlich mehr für die Entwicklung des urbanen Lebens in den Vereinigten Staaten geleistet als irgendjemand sonst.

Wir in New York verdanken Robert Moses 592 Parks, das Lincoln Center und das Gebäude der Vereinten Nationen. Als er sein Amt antrat, gab es in neunundzwanzig US-Bundesstaaten keinen einzigen öffentlichen Park. Bei seinem Tod gab es 14 000 Quadratkilometer Parkflächen. Die großen Parks im Staat New York sind alle mit seinem Namen verbunden. Er hat dieser Stadt 35 großartige Highways hinterlassen, so dass das Autobahnnetz von New York größer ist als das von Los Angeles.

Dieser Robert Moses war wirklich ein bemerkenswerter Mann. Ich hatte viele Gespräche mit ihm, und jedes Mal hat er mich tief beeindruckt. Er sagte: „Wenn man an eine Sache glaubt, darf man nicht locker lassen, bis sie verwirklicht ist. Lassen Sie sich durch nichts und niemanden aufhalten."

Eines Tages sagte ich zu ihm: „Sie gelten als einer der herausragendsten Menschen unserer Zeit. Man bezeichnet Sie als den größten Stadtplaner in der amerikanischen Geschichte. Wie wurden Sie zu dem, was Sie sind?" Er sagte: „Die Antwort darauf ist einfach. Ich mache meine Hausaufgaben, und wenn ich überzeugt bin, dass ein Bauprojekt gut und richtig ist, lasse ich mich von niemandem stoppen – nicht vom Gouverneur, nicht vom Präsidenten, nicht vom Bürgermeister, von niemandem."

Und ich sagte: „Das erfordert Mut." „Ja, man braucht Schneid. Und man muss an sich selbst glauben, daran, dass man weiß, was richtig und notwendig ist." Dann klopfte er mir auf die Schulter und sagte: „Was gehört noch dazu? Was meinen Sie?"

Ich sagte: „Wie wäre es damit, dass man zu Gott betet?" „Genau darauf wollte ich hinaus", pflichtete er mir bei. „Man braucht Mut, Selbstvertrauen und, man muss zu Gott beten."

Ein junger Zirkusakrobat wurde vor seinem ersten großen Auftritt in der Manege von heftiger Angst heimgesucht. Er schaute zum Trapez hoch oben in der Zirkuskuppel hinauf und sagte seinem Lehrer, dass er sich fürchtete. Der Lehrer kannte seinen Schüler gut. Er wusste, wie begabt der junge Artist war, und sagte zu ihm: „Du kannst es, mein Sohn. Wirf dein Herz über die Trapezstange, dann wird dein Körper folgen."

Ich habe schon viele Vorträge und Predigten vor den unterschiedlichsten Auditorien gehalten, aber es kommt immer noch gelegentlich vor, dass mich heftiges Lampenfieber befällt. Dann rufe ich mir diese Geschichte ins Gedächtnis.

Dabei geht es nicht darum, tollkühn zu sein und alle Vorsicht außer Acht zu lassen. Vielmehr muss man unterscheiden können, welche Ängste berechtigt sind und ernst genommen werden sollten und welche nicht.

Stärken Sie Ihren Glauben – den Glauben an sich selbst und den Glauben an Gott. Das verleiht Ihnen den Mut und die Kraft, mit jeder Situation fertig zu werden. Diese Weisheit können Sie nicht nur von der Kanzel herab hören, sondern in allen möglichen Zeitschriften nachlesen, zum Beispiel auch in einer Zeitschrift, die sich „Muskeln und Fitness" nennt. Dort schreibt ein Mann namens Mike Shadduck in einer Rubrik mit dem Titel *Psychologie*: „Als Anfänger im Bodybuilding müssen Sie nicht nur die richtigen Gewichte in der richtigen Weise stemmen, Sie müssen auch lernen, richtig zu denken."

Beim Training mit Gewichten müssen Sie Ihre eigene Trägheit überwinden. Es gibt sicher tausend Dinge, die Sie lieber tun möchten, als schwitzend Hanteln zu stemmen. Dann stehen Sie vor den Gewichten, schauen sie an und sagen: „Oh, ich Armer! Warum tue ich mir das an?" Und dann trainieren Sie nicht.

Um das zu vermeiden, macht Mr. Shadduck folgenden Vorschlag: Man stellt sich vor die Gewichte hin, richtet sich zu seiner vollen Größe auf und sagt: „Ich bin euch überlegen!" Und dann legt man los. Kann man diese Technik nicht auch anwenden, wenn man Diät macht und von einem köstlichen Eisbecher in Versuchung geführt wird? „Ich bin dir überlegen!"

Weiter empfiehlt Mr. Shadduck: „Sagen Sie zu Ihrem jetzigen Selbst: ‚Ich bin mit dir nicht zufrieden. Ich bin größer als du!'" Haben Sie das je zu sich gesagt? Im Namen Jesu können Sie Großartiges vollbringen, wenn Sie zu sich sagen: „Ich will nicht so bleiben, wie ich jetzt bin. Ich will ein größeres Selbst werden. Ich will mehr aus mir machen." Das wird Ihren Mut wecken. Das wird Ihr Selbstvertrauen stärken. So bauen Sie sich einen starken Glauben auf, der Ihnen Kraft verleiht.

An einem bitterkalten Spätnachmittag im Februar ging ich in London in der Nähe des Parlaments und der Westminster Abbey spazieren. Das Klima in London ist im Winter von einer alles durchdringenden Kälte. Die Temperaturen sind nicht so niedrig wie in New York – und es gibt auch nicht so viel Schnee –, aber es ist eine feuchte, unangenehme Kälte, die sich einem in den Knochen festsetzt.

Jedenfalls war es an diesem Tag so, und die Londoner schienen es ebenso zu empfinden, denn sie hatten sich alle dick eingemummelt und eilten, so schnell es ging, zu den hell erleuchteten Eingängen der U-Bahn-Stationen. Andere standen an den Bushaltestellen geduldig in der Schlange, von einem Fuß auf den anderen stampfend und die Arme gegeneinander schlagend. Im schwindenden Licht ragten die alten Türme der Houses of Parliament in den

Himmel. Und plötzlich hörte man vom Glockenturm den Big Ben. Ihren Namen verdankt diese Uhr dem seinerzeit für öffentliche Bauten zuständigen Minister Sir Benjamin Hall, einem Herrn von stattlichem Leibesumfang – daher Big Ben. Der Glockenschlag klingt wie Donnerhall.

Ein großer Schmiedehammer, der gegen dreizehn Tonnen Metall schlägt – sonore, mächtige Schläge, die weithin über die riesige Stadt hallen. Die meisten Menschen wissen nicht, dass Big Ben die volle Stunde mit der Melodie eines alten Kirchenliedes anzeigt: „Lord, hour by hour, be Thou my guide. Kept by Thy power, no step will slide. (Herr, Stunde um Stunde sei du mein Licht. Von deiner Macht getragen, strauchle ich nicht.)

Dies ist der Glockenschlag eines Imperiums, das seit einem Jahrtausend auf den Grundsätzen des Christentums fußt. Big Ben mahnt die Millionen Bürger der Hauptstadt des britischen Empire, von der Königin bis zum einfachsten Arbeiter, sich von Gott führen und leiten zu lassen und inmitten aller Schwierigkeiten des menschlichen Lebens Mut zu beweisen.

Oh ja, Mut ist wirklich etwas Wunderbares! Und darum stelle ich Ihnen nun drei Schritte vor, die Ihnen helfen, Ihren persönlichen Mut zu stärken und zu festigen.

Schritt Eins:

Finden Sie heraus, wovor Sie Angst haben. Sie können Ihre Furcht nicht überwinden und Mut entwickeln, wenn Sie nicht wissen, wovor Sie sich eigentlich fürchten. Werden Sie sich darüber klar. Schauen Sie Ihren Ängsten ins Gesicht, damit Sie genau wissen, womit Sie es zu tun haben. Bei genauer Betrachtung entpuppen sich unsere Ängste oft als genau so gegenstandslos wie die Angst eines Kindes vor Monstern im Kleiderschrank. Wissen Sie noch, wie das in der Kindheit war? Sie haben zitternd im Bett gesessen, voller Angst, was die Monster Ihnen antun könnten – aber wenn dann die Mutter oder der Vater das Licht einschaltete und den Schrank öffnete, haben Sie gesehen, dass da nichts war, vor dem man sich fürchten musste.

Schalten Sie also in Ihrem Leben das Licht ein und vergeuden Sie keine Zeit damit, sich grundlos vor Phantomen zu fürchten, die gar nicht wirklich existieren. Wenn Sie Ihre Ängste im hellen Licht untersuchen und angehen, werden Sie vermutlich schon bald erkennen, vor welchen Nichtigkeiten Sie sich bislang gefürchtet haben.

Schritt Zwei:
Gehen Sie irrationalen Ängsten auf den Grund. Jetzt, wo Sie wissen, wovor Sie sich fürchten, sollten Sie den Ursprung dieser Ängste herausfinden. Wenn Sie beispielsweise Angst davor haben, öffentlich zu sprechen, könnte eine ungenehme Erfahrung in der Schule dahinterstecken. Vielleicht hat sich jemand über Sie lustig gemacht, als Sie zum ersten Mal vor der Klasse etwas aufsagen oder referieren mussten.

Und seither sind mit der Situation, öffentlich vor einer Gruppe sprechen zu müssen, negative Assoziationen verbunden, einfach weil Sie damals Spott und Gelächter Ihrer Schulkameraden erdulden mussten. Wenn Ihnen die Gründe für Ihre Ängste unklar sind, sollten Sie mit Eltern und Geschwistern über Ihre Kindheitserinnerungen sprechen oder sich mit einem Seelsorger oder Therapeuten beraten. Aber vielleicht haben Sie ja auch nur Angst vor der Angst, statt vor einer konkreten Situation. Wenn Sie positiv denken und zuversichtlich in die Zukunft schauen, sind Sie in der Lage, alle Herausforderungen erfolgreich zu meistern.

Schritt Drei:
Geben Sie stets Ihr Bestes und machen Sie sich keine Vorwürfe, wenn trotzdem einmal etwas nicht gelingt. Bemühen Sie sich nach Kräften und überlassen Sie alles weitere Gott. Die beste Art, Mut zu beweisen, besteht darin, auf die fürsorgliche Hilfe durch eine Höhere Macht zu vertrauen.

Zum Ende dieses Kapitels möchte ich Ihnen noch eine persönliche „Mut-Formel" mit auf den Weg geben: Seien Sie jederzeit mutig! Das ist aber ein hoher Anspruch, werden Sie jetzt vielleicht sagen. Wie kann man immer mutig sein? Ich will Ihnen darauf keine selbst formulierte Antwort geben, sondern aus einem Buch zitieren, das die Jahrhunderte überdauert hat. Dieses Zitat stammt aus dem Buch Josua (1,9). Es sind Glück verheißende, wie Musik klingende, weise und machtvolle Zeilen: *„Siehe, ich habe dir geboten, dass du getrost und unverzagt seist. Lass dir nicht grauen und entsetze dich nicht; denn der Herr, dein Gott, ist mit dir in allem, was du tun wirst."*

16. Kapitel

Die Kraft des Selbstvertrauens

Selbstvertrauen – wie sehr brauchen wir es inmitten der Unsicherheiten dieser Welt! Wie oft haben Sie sich schon unzulänglich gefühlt, nicht stark, mächtig oder intelligent genug, um die Krisen und Herausforderungen des Alltags zu meistern? Wir alle machen Phasen durch, in denen wir uns ängstlich und unsicher fühlen, in denen wir verloren durch die Dunkelheit unseres eigenen Geistes irren. Die Scheu und die Ängste des ewigen Kindes in uns können uns später, wenn wir Erwachsene geworden sind, immer wieder zu schaffen machen.

Aber ... jeder Mensch kann lernen, in allen Lebenslagen Zuversicht und Selbstvertrauen zu bewahren. Dazu verhilft uns eine einfache Methode: demütiger und aktiver Glaube an Gott – nicht an einen fernen, abstrakten Gott der Philosophen, einen unnahbaren Weltenschöpfer, sondern an einen Freund und Helfer, der immer bei uns ist. Die in vielerlei Hinsicht größte Wahrheit in der Welt lautet: Wir sind nicht allein. Wahres Selbstvertrauen entsteht, wenn unser Glaube an unsere eigenen Fähigkeiten getragen wird vom Vertrauen in die intime Gegenwart Gottes in unserem Leben.

Lassen Sie mich Ihnen von einem kleinen Mädchen namens Wilma Rudolph erzählen. Wilma kam unter sehr bescheidenen Verhältnissen in Tennessee zur Welt. Ihre Eltern gehörten wirklich zu den Ärmsten der Armen. Und sie war eine Frühgeburt mit sehr zarter Konstitution.

Mit vier Jahren erkrankte sie an Kinderlähmung. Wilma überlebte zwar, aber von da an war ihr linkes Bein gelähmt. Sie musste eine eiserne Beinschiene tragen. Aber ihr Glück war, dass das Leben ihr eine Mutter geschenkt hatte, die diesen Namen wirklich verdient. Wissen Sie, ich bin selbst Vater, aber ich weiß nur zu gut, dass der größte Mensch, der je geboren wurde, eine Mutter war. Wenn Sie eine gute Mutter hatten, können Sie sich glücklich schätzen, und wenn Sie selbst eine gute Mutter sind, können Ihre Kinder sich glücklich schätzen.

Wilma hatte zwar ein gelähmtes Bein, war aber ansonsten ein sehr aufgewecktes und kluges Mädchen. Und diese wunderbare Mutter sagte zu ihr: Sei fest in deinem Glauben, sei mutig und lasse dich niemals unterkriegen. Mit neun Jahren legte Wilma die Beinschiene ab, eisern entschlossen, das zu erreichen, von dem der Arzt ihr gesagt hatte, dass es unmöglich sei – normal gehen zu lernen.

Nach vier Jahren war ihr Gang rhythmisch und sicher – ein medizinisches Wunder. Dann kam sie auf die unglaubliche Idee, die beste Läuferin der Welt zu werden. Was für ein Gedanke! Weltbeste Läuferin mit einem solchen Bein.

Mit dreizehn nahm sie zum ersten Mal an einem Schulwettlauf teil. Sie kam als Letzte ins Ziel, mit sehr, sehr großem Rückstand. Sie nahm an allen Wettläufen teil, die an ihrer Schule stattfanden, und immer wurde sie Letzte. Man flehte sie an, sie solle Mitleid mit sich selbst haben, und mit dem Laufsport aufhören.

Aber eines Tages schaffte sie den vorletzten Platz. Und dann kam der Tag, als sie zum ersten Mal ein Rennen gewann, und von da an gewann sie jedes Rennen, an dem sie teilnahm. Als sie an der Universität von Tennessee studierte, lernte sie einen Trainer namens Ed Temple kennen, der sofort ihr Talent und ihren Sportsgeist erkannte.

Mit Hilfe seines guten Training gelang es ihr, sich für die Olympischen Spiele zu qualifizieren. Dort trat sie gegen die berühmteste Läuferin der damaligen Zeit an, die Deutsche Jutta Heine. Niemandem war es bisher gelungen, Jutta Heine zu schlagen. Aber Wilma besiegte sie im 100-Meter-Lauf, und dann auch im 200-Meter-Lauf. Sie hatte zwei Goldmedaillen gewonnen! Dann kam die 4x100-Meter-Staffel. Wilma war so aufgeregt, dass sie bei der Übergabe den Stab fallen ließ. Sie sah Jutta davonziehen. Es schien unmöglich, diese unglaublich schnelle, leichtfüßige Läuferin noch einzuholen, aber Wilma gelang es. Das war ihre dritte Goldmedaille.

Wie schaffte sie diese großartigen sportlichen Leistungen? Erstens, weil sie es wollte! Sie werden sich nur dann Ihre Träume erfüllen, wenn Sie es wirklich wollen. Zweitens wusste Wilma genau, was sie wollte. Wer nicht weiß, was er will, wird nie erfolgreich sein. Zunächst müssen Sie sich über Ihre Prioritäten klar werden. Und drittens las sie die Bibel und glaubte an Gott, der uns versprochen hat: „Alle Dinge sind möglich dem, der glaubt."

Einmal kam ich in Kowloon an einem Tattoo-Studio vorbei. Im Schaufenster konnte man sich verschiedene Tattoo-Designs zur Auswahl anschauen. Zusätzlich zu den üblichen Adlern, Schiffen und Meerjungfrauen entdeckte ich das Motto: „Geborener Verlierer". Ich fragte den Tätowierer, ob schon jemals ein Kunde diese negative Aussage gewählt hätte. Der Mann antwortete: „Ja, ein paar – aber bevor Tattoo auf Körper, Tattoo auf Seele."

Ein so negatives Selbstbild, wie es jemand haben muss, der sich für ein solches Tattoo entscheidet, wird durch äußere Einflüsse hervorgerufen. Wilma Rudolph wurde gesagt, sie könne wegen ihres Beines niemals an Wettrennen teilnehmen, geschweige denn Olympiasiegerin werden. Dem berühmten Tenor Enrico Caruso wurde von seinem Musiklehrer gesagt, er hätte keine Stimme und würde niemals professioneller Sänger werden. Als Schüler galt der Erfinder Thomas Edison als zu dumm für ein wissenschaftliches Studium. Die ersten Probeaufnahmen des späteren Tanz-Stars Fred Astaire wurden von den Studiobossen wie folgt beurteilt: „Kann nicht singen. Kann nicht schauspielern. Kann ein klein wenig tanzen." Es gibt Tausende ähnliche Beispiele von später erfolgreichen Menschen, die sich weigerten, auf jene zu hören, die ihr Selbstvertrauen zu untergraben suchten.

Was diese Erfolgsmenschen von den meisten von uns unterscheidet, ist, dass sie niemals eine negative Selbstwahrnehmung entwickelten. Sie weigerten sich einfach, auf die Nein-Sager und Pessimisten zu hören. Sie glaubten an sich selbst und ihre Fähigkeiten, und so wurden sie erfolgreich – genau wie sie es sich vorgestellt hatten!

Ein weiteres gutes Beispiel für einen solchen Erfolgsmenschen ist der Komponist Irving Berlin. Er stammte aus Russland. Seine Eltern waren mit ihm ins amerikanische Exil nach New York geflohen, wo sie anfangs in einem dunklen, feuchten Kellerloch hausten. Aber dieser Junge trug ein Lied im Herzen. Tatsächlich trug er, wie sich im Laufe seines Lebens zeigte, sogar 800 Lieder im Herzen. Und er liebte Amerika. Er glaubte fest daran, dass dieses Land das wunderbarste Land ist, das Gott je geschaffen hat und dass es hier sogar ein armer jüdischer Emigrant aus Russland zu etwas bringen konnte. Dabei hatte er in seinem Leben nur ganze zwei Jahre Schulbildung genossen. Er lernte nie, Noten zu lesen und zu schreiben. Aber Gott hatte seiner Seele Musik eingegeben, und eines Tages sprudelte ein Lied daraus hervor, ein Lied mit dem Titel: „God bless America". Dann sprudelte ein weiteres Lied aus ihm hervor – „Alexander's Ragtime Band". Und noch 792 Lieder mehr! Er summte die Melodien und ein Arrangeur schrieb die Noten für ihn auf.

Als Irving Berlin gefragt wurde, was das Geheimnis seines Erfolges sei, antwortete er: „Gott hat mir die Musik geschenkt, und er schenkte mir außerdem einen tiefen Glauben an mich selbst." Und deshalb wurde er zu einer unsterblichen Ikone der amerikanischen Musik. Tiefe des Glaubens. Intensität des Glaubens. Darauf kommt es an.

Lassen Sie mich Ihnen nun mehrere Schritte vorstellen, durch die Sie zu einem Menschen mit starkem Selbstvertrauen werden können.

Schritt Eins:

Vergessen Sie nie: Sie können es, wenn Sie glauben, dass Sie es können. Es gibt nichts, was einen Erfolg von vornherein ausschließt. Wenn Sie einen Traum haben und daran glauben, dass Sie es schaffen können, werden Sie erfolgreich sein. Falls es zu vorübergehenden Rückschlägen kommt, müssen Sie den Blick fest auf das Ziel richten und am Ball bleiben. Das, was wir gedanklich ausstrahlen, ziehen wir in unser Leben. Wenn Sie ständig ein bestimmtes Gedankenmuster ausenden, gestalten Sie damit Ihre künftigen Erfahrungen. Es ist darum sehr gefährlich, ständig an Misserfolge und unerfreuliche Erlebnisse zu denken. Wenn Sie sich dagegen das große, dynamische Prinzip zunutze machen, ständig an Erfolge und glückliche Entwicklungen zu denken, setzen Sie damit die schöpferischen Kräfte in positiver Weise in Bewegung. Lassen Sie sich also nicht von Zweifeln beherrschen. Denken Sie an Erfolg, dann werden Sie erfolgreich sein.

Schritt Zwei:
Selbstvertrauen erlangt man, wenn man zu seiner Individualität steht. Versuchen Sie nicht, andere nachzuahmen. Erstarren Sie angesichts der Erfolge Ihrer Mitmenschen nicht vor Ehrfurcht. Vergleichen Sie Ihre eigenen Leistungen nicht mit denen anderer Leute. Sie selbst sind die bestmögliche Verkörperung Ihres eigenen Selbst, und niemand sonst kann Ihre Ziele so effizient und effektiv verwirklichen wie Sie. Werden Sie, statt nach Vorbildern zu suchen, lieber selbst eines.

Schritt Drei:
Lernen Sie sich selbst so gut wie irgend möglich kennen. Blicken Sie immer wieder nach innen. Betrachten Sie Ihr bisheriges Leben und finden Sie heraus, warum Sie an sich zweifeln. Falls man Ihnen in der Vergangenheit gesagt hat,

dass Sie Ihre Ziele niemals erreichen könnten, sollten Sie sich hier und jetzt versprechen, nicht länger auf solche negativen Einflüsterungen zu hören. Was ich im vorigen Kapitel über Ängste geschrieben habe, gilt auch für Selbstzweifel. Je besser Sie die Wurzeln Ihrer Zweifel kennen, desto effektiver können Sie sich von ihnen befreien. Nichts ist unmöglich – solange Sie nicht glauben, es sei unmöglich. Löschen Sie jeden negativen Gedanken bezüglich Ihrer eigenen Fähigkeiten radikal aus Ihrem Bewusstsein. Formulieren Sie bewusst einen genau gegenteiligen positiven Gedanken und verbannen Sie alle Negativität aus Ihrem Geist.

Schritt Vier:
Machen Sie eine ehrliche Bestandsaufnahme Ihrer gegenwärtigen Fähigkeiten und Ihres Potentials. Seien Sie dabei sehr realistisch. Bemühen Sie sich um Objektivität, was Ihre Stärken und Schwächen angeht. Denken Sie daran, dass Sie mit Fleiß und festem Willen Ihre Schwächen in Stärken verwandeln können. Beziehen Sie alle Lebensbereiche in diese Bestandsaufnahme ein – Schulbildung, Familie, Persönlichkeit, Wünsche, Gewohnheiten. Am besten schreiben Sie Ihre jeweiligen Stärken und Schwächen auf. Dann erkennen Sie leichter, wo Sie bereits viel Schwungkraft haben und wo Sie noch mehr an sich arbeiten sollten.

Haben Sie diese Listen erstellt und Ihre Fähigkeiten eingeschätzt, sollten Sie sich klar machen, dass Sie immer besser sind, als Sie selbst glauben. Das wird Ihnen helfen, die Selbstachtung zu entwickeln, die Sie verdienen.

Schritt Fünf:

Streichen Sie die Sätze „das ist unmöglich“ und „das kann ich nicht“ aus Ihrem Vokabular. Sagen Sie „es ist möglich" und „ich kann“. Denken Sie daran: Während Sie noch sagen, dass etwas nicht geht, kommt möglicherweise schon jemand anderes daher und vollbringt genau das, was Sie für unmöglich halten! Wenn Sie also ein Ziel haben, etwas, das Sie erreichen und verwirklichen wollen, dann verschwenden Sie keine Gedanken darauf, dass es nicht zu schaffen ist – gehen Sie voran und tun Sie es!

Was sollen Sie tun? Wo liegt Ihre Verantwortung? Welchen Herausforderungen sehen Sie sich gegenüber? Nehmen Sie dieses großartige alte Wort „Selbstvertrauen“, konzentrieren Sie sich darauf, meditieren Sie darüber, glauben Sie an sich und an Gott. Geben Sie Ihr Bestes, tun Sie alles, was in Ihren Kräften steht, und legen Sie alles Weitere in Gottes Hände.

Diese Art von Selbstvertrauen erfordert ständige Übung. Es genügt nicht, in diesem oder anderen Büchern darüber zu lesen. Üben Sie! Trainieren Sie sich Selbstvertrauen an. Das wird Ihnen inneren Frieden und Stärke verleihen.

17. Kapitel

Die Kraft von Beharrlichkeit und Ausdauer

Hier in meiner Tasche trage ich den Brief einer jungen Frau aus Indonesien. Darin berichtet sie mir von ihren Träumen für die Zukunft. Kürzlich habe ich ihr Kind taufen dürfen. Ich bin mir sicher, dass sie dabei ist, für dieses Kind, für ihren Mann und sich selbst eine wunderbare Zukunft zu erschaffen. Aber lesen Sie selbst:

„Als ich noch in Indonesien lebte, stieß ich zufällig auf eines Ihrer Bücher mit dem Titel *So hast du mehr vom Leben*. Damals war ich eine unglückliche, frustrierte College-Studentin. Ich wünschte mir sehr, ins Ausland zu gehen, um eine bessere Ausbildung zu erhalten und mehr von der Welt kennen zu lernen. Meine Freundinnen waren alle nach Europa gegangen, um dort zu studieren, und ich hatte sie eine nach der anderen zum Flughafen begleitet und ihnen zum Abschied zugewinkt. Stets kam ich dann in Tränen aufgelöst nach Hause und fragte mich, wann ich wohl endlich an der Reihe sein würde. Doch mein Vater besaß nur ein kleines Geschäft und musste fünf Kinder ernähren. Er hatte einfach nicht genug Geld, um mir ein Auslandsstudium zu finanzieren. Ich wusste, wenn nicht ein Wunder geschah, würde ich niemals in der Lage sein, in Europa zu studieren. Dann las ich Ihr Buch und erfuhr, dass man bekommt, was man sich wünscht, wenn man nur fest genug daran glaubt. In dem Buch empfahlen Sie außerdem, dass man so tun soll, als sei man völlig sicher, das Gewünschte tatsächlich zu bekommen.

Ich sagte mir immer wieder, dass ich ein Stipendium für ein Studium in Deutschland erhalten würde, wo ich gerne hingehen wollte, weil mein Fach Psychologie in diesem Land seine Wurzeln hat. Also nahm ich Deutschunterricht und lernte die Sprache intensiv. Ich schrieb an deutsche Universitäten und bat um ein Stipendium. Doch ich erhielt ausschließlich Absagen. Man war nur dann bereit, mir ein Stipendium zu bewilligen, wenn ich bereits in Deutschland studierte und dort gute Leistungen zeigte. Aber ich gab nicht auf. Meine Eltern glaubten, es sei verrückt, einen so hoffnungslosen Kampf zu kämpfen. Aber ich hörte nicht auf das, was sie sagten. Dann, eines wunderbaren Tages, kam ein Brief von der Universität Bonn. Sie teilten mir mit, dass sie bereit seien, mich in das Vergabeverfahren für ein Stipendium aufzunehmen. Ich war aufgeregt und nervös. Nun wurde mein positives Denken noch stärker auf die Probe gestellt. Ich musste fest daran glauben, dass ich tatsächlich an der Bonner Universität studieren würde. Ich hängte mir in meinem Zimmer ein Bild dieser Universität an die Wand. Jedes Mal wenn ich es anschaute, sagte ich mir: Dort wirst du studieren. Ich widmete mich intensiver als je zuvor dem Erlernen der deutschen Sprache.

Die quälende Ungewissheit dauerte fast ein Jahr, dann erhielt ich die Zusage, dass mir ein Stipendium bewilligt worden war. Drei Monate später flog ich nach Deutschland. Das ist nun ungefähr acht Jahre her. Es war das erste, aber keineswegs letzte Mal in meinem Leben, dass ich die

Erfahrung machen durfte: Gott ist bereit, uns alles zu geben, worum wir ihn bitten – wenn wir nur fest daran glauben."

Diese junge Frau hat wirklich Beharrlichkeit und Ausdauer bewiesen. Sie gab niemals die Hoffnung auf. Keine Minute glaubte sie daran, dass das Wunder ausbleiben würde. Sie strebte unermüdlich danach, ihren Traum Wirklichkeit werden zu lassen.

Der US-Präsident Calvin Coolidge hat eine solche Haltung wie folgt charakterisiert: „Nichts auf der Welt kann Beharrlichkeit und Ausdauer ersetzen. Talent allein reicht nicht, denn es gibt gewiss genug erfolglose Menschen mit Talent. Genie allein reicht nicht, denn die Welt ist voll von hoch gebildeten Versagern. Mit Beharrlichkeit, Ausdauer und unbeugsamem Willen jedoch lässt sich alles erreichen. Damit wurden und werden die Probleme der menschlichen Rasse gelöst."

Ich glaube an den unsichtbaren, aber überaus machtvollen Plus-Faktor. Darüber habe ich sogar ein Buch geschrieben (*Der Plus-Faktor*). Dieser Faktor wird immer dann wirksam, wenn Sie hartnäckig und ausdauernd auf ein Ziel hinarbeiten. Er verleiht Ihrem Handeln zusätzliche Schubkraft, so dass Sie scheinbar Unmögliches möglich machen können. Durch Entschlossenheit und Ausdauer aktivieren Sie Ihren Plus-Faktor, und dann können Sie Ihre kühnsten Träume verwirklichen.

Beharrlichkeit und Ausdauer sind enorm wichtig. Halten Sie durch, geben Sie niemals auf. Die beharrlichen und ausdauernden Menschen sind es, die die größten Erfolge erzielen. Es spielt keine Rolle, wer Sie sind oder wie alt Sie sind oder wie oft Sie in der Vergangenheit versagt haben, mit Beharrlichkeit und Ausdauer werden Sie Ihre Ziele erreichen. Als Beispiel hierfür möchte ich Ihnen von einem Freund erzählen, der noch im hohen Alter ein Hotel baute:

Meine Frau und ich übernachteten in einem wunderschönen Hotel in Tokio. Es war erst wenige Monate zuvor eröffnet worden und steht auf einem Hügel außerhalb des Stadtzentrums. Man hat von dort einen großartigen Blick auf diese riesige Stadt. Wir hatten uns für dieses Hotel entschieden, weil wir mit dem Eigentümer befreundet sind. In Kyoto und Nara besitzt er ebenfalls Hotels. Dort haben wir auch schon übernachtet. Insgesamt gehören ihm vier Hotels, und dasjenige, in dem wir in Tokio wohnten, ist für mich eines der schönsten Hotels überhaupt.

Angesichts des Yen-Kurses buchte ich eines der preiswertesten Zimmer. Doch als wir eintrafen, führte der Hotelpage uns in eine elegante Suite. Meine Frau, die wusste, dass ich nur ein einfaches Doppelzimmer bestellt hatte, beschwerte sich bei ihm, was aber nichts nützte, denn er verstand kein Englisch. Ich sagte beschwichtigend zu ihr: „Wir haben zwar ein einfaches Zimmer bestellt, aber wenn wir in eine Suite geführt werden, sollten wir die Dinge nehmen, wie sie kommen – einem geschenkten Gaul schaut man schließlich nicht ins Maul."

Am nächsten Morgen ging ich nach unten, um dem Hotelbesitzer meine Aufwartung zu machen. Er ist achtzig Jahre alt, hat gerade eines der schönsten Hotels im ganzen Fernen Osten gebaut und leitet es selbst. Als ich ihn fragte, warum er in diesem Alter noch ein neues Hotel gebaut habe, antwortete er: „In jedem Alter hat man Träume. Das hier ist mein Traumhotel. Nie zuvor habe ich ein Hotel in unserer Hauptstadt Tokio besessen, einer der schönsten Städte der Welt. Vor langer Zeit, als ich noch ein mittelloser junger Mann war, träumte ich davon, eines Tages ein Hotel in Tokio zu besitzen. Diesen Traum habe ich mir nun erfüllt. Das war eines meiner großen Lebensziele."

„Nun", sagte ich, „dieses Ziel haben Sie nun erreicht. Sie sind achtzig Jahre alt. Was werden Sie künftig tun?" Er antwortete: „Wissen Sie, ich habe immer noch ein halbes Dutzend Träume, und einem davon werde ich mich als Nächstes widmen. Solange man hier auf Erden weilt, sollte man danach streben, seine Ziele zu verwirklichen. So bleibt man in Schwung!"

Die Begegnung mit diesem Hotelier hat mich wirklich inspiriert – und ich bin ihm noch aus einem anderen Grund dankbar: Er hat uns nur ein einfaches Doppelzimmer berechnet.

Zum Abschluss dieses Kapitels stelle ich Ihnen fünf Schritte vor, mit denen Sie unschlagbare Beharrlichkeit und Ausdauer entwickeln können.

Schritt Eins:

Sprechen Sie niemals über eine mögliche Niederlage – denn wenn Sie das tun, reden Sie die Niederlage selbst herbei. Wenn Sie die Lage dramatisieren, sie schlimmer darstellen, als sie eigentlich ist, werden Sie schließlich selbst glauben, was Sie sagen. Und Sie wissen ja inzwischen, dass sich in Ihrem Leben das verwirklicht, worüber Sie ständig nachdenken. Stellen Sie sich vor, ein Fußballtrainer würde vor dem großen Meisterschaftsspiel zu seiner Mannschaft sagen: „Ich weiß gar nicht, warum wir uns das überhaupt antun. Die anderen sind sowieso stärker, schneller und besser als wir. Aber geht trotzdem mal auf den Platz und versucht es.“ Man kann sich denken, wie dieses Spiel ausgehen würde.

Denken Sie also an das Gute, an Ihre Stärken, statt nach dem Schlechten Ausschau zu halten. Werden Sie zum Cheerleader für Ihr Team. Wenn Sie stets vom Sieg reden, werden Sie eines Tages tatsächlich siegreich sein.

Schritt Zwei:
Wenden Sie das Ausdauer-Prinzip an. Dieses Prinzip lautet: Was auch geschieht, geben Sie niemals auf! Denken Sie immer daran, dass kein Problem unlösbar und kein Ziel unerreichbar ist. Wenn Sie sich durchbeißen und angesichts von Widerständen und Schwierigkeiten nicht klein beigeben, werden Sie siegen. Kennen Sie das Buch *Die Möwe Jonathan*? Es ist eines der meistgelesenen Bücher unserer Zeit. Seit seinem Erscheinen im Jahr 1970 wurden weltweit viele Millionen Exemplare verkauft. Aber wissen Sie, dass das Manuskript von achtzehn Verlagen abgelehnt wurde, ehe sich endlich einer fand, der bereit war, es zu drucken? Hat der Autor, Richard Bach, aufgegeben und sich entmutigen lassen? Keineswegs. Wie die von ihm erfundene Möwe versuchte er es immer wieder, bis dem Buch schließlich Flügel wuchsen. Er bot es einfach immer neuen Verlagen an, bis endlich jemand zugriff. Der Rest ist Verlagsgeschichte. Dass dieses Buch überhaupt erscheinen konnte, verdanken wir dem Ausdauer-Prinzip – niemals aufgeben!

Schritt Drei:
Kombinieren Sie das Ausdauer-Prinzip mit dem Wahrnehmungs-Prinzip. Das Wahrnehmungs-Prinzip ermöglicht es Ihnen, eine scheinbar unerfreuliche Situation in neuem Licht zu sehen.

Lassen Sie sich nicht länger vom ersten Anschein entmutigen. Betrachten Sie das Problem stattdessen gründlich von allen Seiten. Und lernen Sie, auf Ihre Intuition zu vertrauen. Entwickeln Sie ein Gespür dafür, wer Sie sind und was Sie können. Wenn Sie ein Problem wirklich durchdenken und Ihre Fähigkeiten genau kennen, werden Sie die Lösung finden.

Schritt Vier:
Nehmen Sie sich ein Problemfeld vor und zerlegen Sie es in leichter zu bewältigende Einzelkomponenten. Wenn Sie auf diese Weise Schritt für Schritt vorgehen, können Sie Ihre Kräfte besser bündeln. So verzetteln Sie sich nicht und entwickeln mehr Durchschlagskraft. In Kyoto besuchte ich einmal einen Tempel mit einem berühmten Steingarten. In diesem Zen-Garten stehen seit Jahrhunderten fünfzehn Steine unterschiedlicher Form und Größe in einem Beet aus sorgfältig geharktem weißen Sand. Gemäß der Überlieferung repräsentieren diese Steine die fünfzehn grundlegenden Probleme der Menschheit. Die Muster im Sand repräsentieren Wege, wie man diese Probleme umgehen kann. Der Wind bewegt die Sandkörner hin und her, und jeden Tag werden mit dem Rechen neue Muster in den Sand gezogen. So bekommt ein einfacher Steingarten jeden Tag Gelegenheit für einen Neuanfang.

Die fünfzehn Probleme werden nicht näher definiert. Für jeden Menschen, der den Garten betritt, stellen sie sich anders dar, jeweils abhängig von seiner individuellen Wahrnehmung. Die Botschaft, die ich in dem Garten entdeckte, war, dass wir nicht versuchen sollten, alle unsere Probleme auf einmal zu lösen. Besser ist es, wenn wir uns auf ein Problem konzentrieren, es lösen und uns erst dann dem nächsten zuwenden. Machen Sie dabei Gebrauch von Ihrer Kreativität. Denken Sie sich neue, frische Möglichkeiten aus, das Hindernis zu bewältigen – umwandern, überfliegen oder sich darunter durchwühlen. Auf diese Weise entwickeln wir größere mentale Stärke, die uns hilft, durchzuhalten bis ans Ziel.

Schritt Fünf:
Bitten Sie Gott, Ihnen die Kraft zu verleihen, sich mit einem Problem solange auseinanderzusetzen, bis Sie die Lösung gefunden haben. Wenn Sie Ihren Glauben in Schwung halten, sind Sie beim Kampf gegen Schwierigkeiten niemals allein. Gott ist dann an Ihrer Seite, und das ist die beste Unterstützung, die Sie sich wünschen können, die stärkste Schulter, an die Sie sich anlehnen können, wenn Sie vorübergehend erschöpft sind. Bei Gott können Sie auftanken, er schenkt Ihnen immer wieder neue Kraft.

Mit Gott an Ihrer Seite und mit Beharrlichkeit und Ausdauer können Sie wirklich Berge versetzen!

18. Kapitel

Die Kraft der Zufriedenheit

Es gibt etwas, das sich jeder Leser, jede Leserin dieses Buches wünscht, etwas, das wir alle uns wünschen. Sie wollen es. Ich will es. Alle wollen es. Dieses heiß begehrte Etwas ist das Wissen darum, wie man ein glückliches, zufriedenes Leben führt – und zwar nicht nur vorübergehend, sondern immer. Und wenn Sie sich bei dieser Suche Gott, Jesus und der Bibel zuwenden, suchen Sie genau an der richtigen Stelle, das versichere ich Ihnen.

Ich hoffe nicht, dass es Ihnen erst so schlecht gehen muss wie jenem Mann aus Elmira, der mich eines Tages anrief und zu mir sagte: „Ich bin wirklich am Ende. Ich werde mir eine Kugel durch den Kopf jagen." Ich sagte: „Es tut mir sehr leid zu erfahren, dass Sie sich eine Kugel durch den Kopf jagen wollen. Aber warum rufen Sie mich deswegen an?"

Er erwiderte: „Ich dachte, Sie könnten mir vielleicht noch ein paar letzte Worte sagen, ehe ich mich erschieße." Ich fragte: „Wann wollen Sie Ihr Vorhaben denn in die Tat umsetzen? Muss es wirklich schon heute sein?"

„Nein", sagte er, „bis morgen hat es schon noch Zeit." Ich sagte: „Dann steigen Sie ins Flugzeug, kommen her, und wir setzen uns zusammen und besprechen das Ganze. Sie können sich ebenso gut hier erschießen wie in Elmira."

Ich glaubte nicht wirklich, dass er sich eine Kugel durch den Kopf jagen würde, aber ich nahm ihn vorsichtshalber ernst, denn man kann ja nie wissen. Und ich fände es ziemlich unangenehm, in der Zeitung zu lesen, dass ein Mann sich nach einem Gespräch mit mir die Kugel gibt.

Wie dem auch sei, er kam tatsächlich, und wir setzten uns in mein Büro. Er stützte den Kopf in die Hände und sagte: „Alles ist aus. Die Lage ist völlig hoffnungslos. Es ist, als ob ich durch tiefe Finsternis gehe."

Nun, der arme Kerl tat mir leid, also betete ich mit ihm. Ich fragte: „Alles ist aus, sagen Sie?" „Ja. Völlig hoffnungslos." Ich sagte: „Na, wir wollen mal sehen." Ich nahm ein großes Blatt Papier und zog darauf in der Mitte einen senkrechten Strich. Über die eine Seite schrieb ich: „Was ich verloren habe." Über die andere Seite schrieb ich: „Was ich immer noch habe."

„Diese Spalte brauchen wir nicht", sagte er, „denn es ist nichts mehr übrig." „Dann will ich Ihnen ein paar Fragen stellen", sagte ich. „Ich nehme an, Ihre Frau hat Sie verlassen?" Er erwiderte: „Wie kommen Sie denn darauf? Sie würde mich niemals verlassen. Meine Frau liebt mich. Sie ist immer noch da."

„Wunderbar", sagte ich. „Das schreiben wir also hier auf die Haben-Seite: Erstens, meine Frau hat mich nicht verlassen." Dann sagte ich: „Ihre Kinder sitzen natürlich alle im Gefängnis" „Was reden Sie da für einen Unsinn?", fragte er verblüfft. „Meine Kinder sind keineswegs im Gefängnis! Es geht ihnen gut." „Vorhin haben Sie gesagt, dass alles verloren und hoffnungslos ist, aber jetzt erfahre ich, dass Ihre Kinder nicht im Gefängnis sitzen und offenbar wohlauf sind.“ Ich fuhr fort: „Aber es geht Ihnen gesundheitlich schlecht. Sie haben keinen Appetit, Sie können nichts essen.“

Er sagte: „Ach, wissen Sie, das ist erstaunlich – obwohl ich so deprimiert bin, habe ich eine Konstitution wie ein Pferd und mein Appetit ist ausgezeichnet.“ „Haben Sie Verdauungsprobleme?“ „Nein“, sagte er, „ich habe einen Magen wie aus Stahl.“ „Fein“, sagte ich und schrieb: hat einen Magen wie aus Stahl.

Wir gingen noch ein paar Dinge durch. Als wir fertig waren, stand auf der Haben-Seite eine ziemlich lange Liste. Darunter zog ich einen Strich und schrieb: „Plus Gott.“ Dann sagte ich: „Schauen Sie sich diese lange Liste an. Also, ich finde Ihre Lage überhaupt nicht hoffnungslos. Alles, was Sie brauchen, ist eine kräftige Dosis Glauben an Gott und an sich selbst.“

Er saß da, schaute auf das Blatt, schaute mich an. „Wie blind ich gewesen bin! Da habe ich so viel Geld für den Flug hierher ausgegeben, nur, damit Sie mir etwas sagen, was ich eigentlich selbst hätte wissen müssen.“

Ich sagte: „Wenn Sie wollen, bekommen Sie Ihr Geld zurück. Aber eines müssen Sie mir versprechen: Machen Sie sich klar, dass diese Liste hier nur ein kleiner Teil der Segnungen ist, die Gott Ihnen geschenkt hat und schenkt. Es ist eine Frage unserer Geisteshaltung, ob wir uns hoffnungslos am Ende oder reich gesegnet fühlen. Worauf richten Sie Ihre Aufmerksamkeit? Auf die Dunkelheit? Richten Sie sie auf den hellen Sonnenschein, den Gott in diese Welt brachte, als er sagte: *Es werde Licht.*

Wie die Lage auch sein mag, Sie sind geistig und spirituell immer fähig, froh zu sein, dass Sie am Leben sind. Einen Mann mit dieser Einstellung habe ich gestern getroffen. Ich habe über zwei Stunden mit ihm verbracht und bin noch immer begeistert. Er ist ein großer, kräftig gebauter Bursche, dieser Orville Kelly. Er ist 43 Jahre alt und arbeitete als Journalist in Davenport, Iowa.

Vor ungefähr einem Jahr musste er zu einer Untersuchung ins Krankenhaus, und dabei entdeckten die Ärzte bei ihm eine unheilbare Krebserkrankung. Natürlich waren er und seine Frau vollkommen erschüttert. Die Ärzte hatten ihm gesagt, dass ihm nur noch wenige Monate blieben. Zuerst wollten sie es vor allen geheim halten, sogar vor ihren Kindern.

Doch später änderten sie ihre Meinung. Sie beschlossen, eine große Gartenparty zu veranstalten und es allen zu erzählen – und so normal wie möglich damit umzugehen, denn oft werden die Beziehungen zu Freunden und Verwandten sehr verkrampft und unnatürlich, wenn bekannt wird, dass jemand an Krebs erkrankt ist. Sie erzählten ihren Kindern davon. Zum Glück waren die Kinder im christlichen Glauben erzogen worden und besaßen einiges Gottvertrauen.

Eines Tages kam Orville Kelly folgender Gedanke: „Ich will nicht jeden Morgen mit dem Gedanken aufstehen, dass ich schon wieder einen Tag weniger zum Leben habe. Ich werde ab jetzt eine andere Haltung einnehmen. Von heute an werde ich Gott für jeden neuen Tag danken.“ Er beschloss, einen Verein zu gründen, den er M.T.C nannte – Make Today Count, was, frei übersetzt, in etwa heißt:

Mache diesen Tag zu einem guten Tag. Dann kam Orville ein weiterer Gedanke: Alle Menschen müssen sterben. Der Unterschied war lediglich, dass er wusste, dass sein Tod schon relativ bald bevorstand.

Wir wissen alle nicht, wann wir sterben müssen. Wir alle sind dem Tod geweiht. „Also“, sagte sich Orville, „wenn sowieso alles vergänglich ist, will ich ab jetzt jeden Tag zu einem wunderbaren Tag machen.“ Jetzt reist er im ganzen Land umher, hält Vorträge und spricht mit den Leuten. Als ich ihn traf, kam er gerade aus New Hampshire, wo er an der Universität einen Vortrag vor Studenten gehalten hatte.

Ich fragte ihn: „Studenten sind meistens ein ziemlich schwieriges Publikum. Wie haben sie auf Sie reagiert?“ Er antwortete: „Sie waren einfach wundervoll. Und warum hätten sie anders sein sollen? Sie hörten einem Mann zu, über den das Todesurteil gesprochen ist, aber sie wissen ja, dass auch sie alle ausnahmslos zum Tode verurteilt sind.“

„Wie ist es möglich, dass Sie einen so begeisterten Eindruck machen und so viel Lebensfreude ausstrahlen?“, fragte ich ihn. „Bevor ich von meiner Krankheit erfuhr“, sagte er, „arbeitete ich als Zeitungsreporter in Burlington. Jeden Tag schrieb ich ein paar Reportagen zu unterschiedlichen Themen. Ohne die Krankheit würde ich das jetzt immer noch machen – ein paar unwichtige Storys, für die sich niemand wirklich interessiert, in die Maschine tippen und anschließend mit den Kollegen ein paar Bier trinken gehen. Aber – hier bin ich. Gott hat mir die Gelegenheit gegeben, Hunderttausende von Menschen zu erreichen und zu inspirieren. Und“, fügte er noch hinzu, „der Tod ist ein Teil des Lebens.“

Ich werde nie vergessen, wie er mir den Blick beschrieb, den man an einem dunstigen Morgen von Burlington aus über den Mississippi hat. Oder seine Beschreibung eines Rotkehlchens, das in Iowa auf einem Gartenzaun gesessen hatte. Oder seine Beschreibung des Blickes über Boston, wenn das Flugzeug durch die Wolken ins Sonnenlicht aufsteigt, oder, wie er sagte: „das Lächeln auf dem wunderschönen Gesicht meiner Frau".

Wenn jemand also über das eine oder andere finanzielle Problem und ähnliche Beschwernisse jammert und darüber die Lebensfreude vergisst, antworte ich: Lebensfreude ist keineswegs belanglos oder oberflächlich. Es handelt sich hierbei wirklich um eine Frage auf Leben oder Tod. Seien Sie froh, am Leben zu sein, denn das ist die Basis für alles andere.

In der Bibel heißt es: „Wohl dem, der sich auf den Herrn verlässt." Orville Kelly hat sein Leben in Gottes Hände gelegt – und er ist froh, am Leben zu sein. Wenn es Ihnen an Lebensfreude und Zufriedenheit mangelt oder Sie Ihre bereits vorhandene Lebensfreude weiter steigern möchten, lege ich Ihnen die folgenden drei Schritte ans Herz.

Schritt Eins:

Ein wichtiger Schritt zu mehr Zufriedenheit ist es, statt „hätte ich doch nur" zu sagen „beim nächsten Mal". Sagen Sie beispielsweise nicht: „Hätte ich doch nur meinen Verstand benutzt!" Sagen Sie: „Beim nächsten Mal werde ich mich besser vorbereiten." Geben Sie sich selbst immer eine neue Chance. Diese Vorstellung, es noch einmal versuchen zu können, lenkt Ihre Aufmerksamkeit weg von den Fehlern und Fehlschlägen, die uns allen unterlaufen, und hin zu vorwärtsgerichtetem, aktivem schöpferischen Handeln. Mit anderen Worten, Sie zappeln nicht länger am Haken Ihrer eigenen negativen Einstellungen.

Schritt Zwei:
Schreiben Sie sich die folgenden sieben Affirmationen auf eine Karte und lesen Sie sich diese mindestens dreimal täglich laut vor.

Ich befinde mich in einem Prozess kreativer Veränderung.
Ich werde jeden Tag immer besser und besser.
Ich bin fest auf Erfolgskurs.
Ich entfalte jetzt mein höchstes Potential.
Mein persönlicher Gott führt mich und hilft mir jeden Tag.
Ich freue mich an diesem Tag, den der Herr gemacht hat.
Ich glaube, dass ich heute alle Probleme meistere.

Wenn Sie diese einfachen Sätzen oft wiederholen, werden Sie anfangen, daran zu glauben, und was Sie glauben, wird wahr.

Schritt Drei:
Halten Sie, wenn Sie fernsehen, Zeitung oder Bücher lesen, aber auch im Gespräch mit Freunden und Kollegen Ausschau nach inspirierenden Geschichten und Erfahrungen, die Ihnen Anlass zur Hoffnung geben und Ihren Glauben an die menschliche Rasse erneuern. Blättern oder zappen Sie bei Gewaltszenen und Negativität einfach weiter und suchen Sie das Gute. Versuchen Sie, auch an Menschen, die Sie eigentlich nicht leiden können, gute Seiten zu entdecken, selbst wenn diese Leute Ihnen mitunter auf die

Nerven gehen. Wenn Sie positive, inspirierende Gedankenschwingungen ausstrahlen, vertreiben Sie damit dunkle, niederdrückende Gefühle aus Ihrem Leben. Wenn Sie anderen Menschen Mitgefühl und Respekt entgegenbringen, kehren diese positiven Schwingungen vielfach vermehrt zu Ihnen zurück. Schon bald werden Sie lächeln und glücklich sein. Bereitwillig werden Sie alles Erforderliche tun, um Ihre Vision eines erfüllten Lebens aufrechtzuerhalten und Ihre Träume zu leben.

Wenn Sie diese drei Schritte in Ihrem Alltag praktizieren, wird sich dadurch Ihre gesamte Einstellung verändern. Sie werden sich über Dinge freuen, an denen Sie früher achtlos vorbeigingen. Sie werden lernen, Freude zu suchen, statt Trübsal zu blasen. Und Sie werden entdecken, dass die Quelle der Zufriedenheit immer schon in Reichweite war: in Ihnen selbst.

Über den Autor

Während seines langen Lebens galt Dr. Norman Vincent Peale als einer der herausragendsten Seelsorger, Motivationsredner und Buchautoren des 20. Jahrhunderts. Er wurde am 31. Mai 1898 in Bowersville, Ohio geboren, und starb am 24. Dezember 1993 in Pawling, New York. Von 1932 bis 1984 war Peale Pastor der *Marble Collegiate Church* in New York. Während dieser Zeit wuchs die Mitgliederzahl dieser Kirche von 600 auf über 5000, und Peale wurde zu einem der berühmtesten Prediger von New York. Zusammen mit seiner Frau Ruth Stafford Peale gründete Peale 1945 das Guideposts Magazine, ein überkonfessionelles Forum, in dem Prominente ebenso wie unbekannte Menschen über ihre inspirierenden Erfahrungen berichten konnten.

Peale schrieb 46 Bücher. Sein erfolgreichstes, *Die Kraft des positiven Denkens*, wurde in 42 Sprachen übersetzt und über 20 Millionen mal verkauft. Nach Erscheinen stand dieses Buch 186 Wochen in Folge auf der Bestsellerliste der New York Times. 54 Jahre lang trat Peale außerdem in einer eigenen wöchentlichen Radiosendung auf, und bis ins hohe Alter von 93 Jahren hielt er 100 Vorträge pro Jahr. Präsident Ronald Reagan verlieh ihm für seine Leistungen die Freiheitsmedaille. Peales bodenständige, pragmatische Botschaft von Optimismus, Mut und Glauben an Gottes Liebe hat Millionen Menschen geholfen, Zuversicht und inneren Frieden zu finden. Diese Botschaft, dass der Glaube im Leben normaler Menschen Wunder vollbringen kann, hat bis heute nichts von ihrer Gültigkeit verloren.

Allegria
inspiration

DR. JOSEPH MURPHY
Wie uns die Liebe heilt
Laminierter Pappband, 160 Seiten
€ [D] 10,– / € [A] 10,30
sFr 18,50

ISBN-13: 978-3-7934-2050-7
ISBN-10: 3-7934-2050-7

Liebe ist die subtile Ausstrahlung des Menschen, durch die er das Gefühl von Einssein mit allem Leben hat. Wenn der Mensch nach Liebe in anderen sucht, wird er sie auch finden. Wenn wir die Welt im richtigen Licht sehen, werden wir auch den Überfluß des Lebens finden…«

Joseph Murphy